Schon die Kleinsten tanzen gerne mit anderen Kindern im Kreis. Besonders viel Spaß macht es ihnen, wenn sie die Texte der Tanzlieder schon kennen und mitsingen können.

Ri, ra, rutsch – fährst du mit mir Kutsch'?

Einfache Kreisspiele und Tanzlieder

Musik und rhythmische Begleitung fordern ein Kind zu spontaner Bewegung auf: es wippt mit dem Körper auf und ab, klatscht in die Hände, lässt sich in seinen Bewegungen durch den Rhythmus leiten und drückt ihn körperlich aus. Musikalische Eindrücke sind vor allem bei jüngeren Kindern immer mit Bewegungsäußerungen verbunden. Das differenzierte Wahrnehmen akustischer Reize und die damit verbundenen Bewegungshandlungen fördern die sogenannten sensomotorischen Fähigkeiten des Kindes, aber auch andere Bereiche, wie z. B. den Gleichgewichtssinn. Schon kleine Kinder finden sich gerne zum Kreis zusammen, um zu tanzen. Die Freude an der Bewegung, begleitet von einer einfachen Melodie, wird noch verstärkt, wenn sie die Lieder gut kennen und selbst aus vollem Hals mitsingen können. Es stört die Kleinen dabei wenig, dass sich all diese Tanzliedchen ein bisschen ähneln.

Liebe Eltern und Erzieher

Im Spiel können Erfahrungen gemacht werden, die über das Spiel hinaus Bedeutung haben für das Zusammenleben zwischen Menschen, aber auch, was die Verarbeitung von Erfolgen und Misserfolgen angeht.

Dass unsere Kinder spielend lernen, sich selbst, ihre Freunde, die Welt zu begreifen, gehört zu den grundlegenden Erfahrungen jeder Erziehungsarbeit. Wer seinen Kindern also Gutes tun will, sollte ihnen möglichst viel Platz und Zeit zum Spielen einräumen – und ihnen helfen, die richtigen Spielideen zu finden. Dabei können wir auf einen riesigen Fundus zurückgreifen, der über Generationen und Ländergrenzen hinweg zusammengetragen wurde.
Spiellust und Spielfreude müssen nicht verbunden sein mit Spielgeräten, extra angeschafftem Spielmaterial, denn Kinder können vieles wie von selbst: hüpfen, springen, rennen, sitzen, singen.
Mit ein wenig Anleitung lassen sich diese Fähigkeiten ganz leicht in Spiele mit etwas geregelterem Ablauf umsetzen. Geregelt, weil Kinder schnell erkennen, dass sie im Zusammenspiel mit anderen Kindern »Spielregeln« brauchen, außerhalb der eigenen Spontaneität, Kreativität, der eigenen Initiative und Phantasie.
Kreisspiele in kleinen und großen Gruppen, Tanzspiele, Bewegungsspiele, Kettenspiele, Spiele zum Auffordern, Mitmachen und Gewinnen, Spiele zum Vormachen und Nachahmen, Spiellieder und Liederspiele – die Lust am Spiel hat viele Namen und Ausdrucksformen.
Diese Sammlung ist als Fundgrube gedacht, als Spielschatz.
Manchen Taler aus diesem Schatz werden Sie wiedererkennen oder zusammen mit Ihren Kindern neu entdecken, manchen Taler können Sie einfach versilbern und einige sogar vergolden, indem sie ihn auf Ihre ganz besondere Art und Weise gebrauchen. Und das geschieht, wenn Sie mit den Kindern nach eigenen Regeln, Texten, Ideen, Vorstellungen und Wünschen spielen. Auch dazu soll Ihnen dieses Buch möglichst viele Anregungen vermitteln.

Viel Spaß, Ihre Antje Wegener

Der Anstoß für die rhythmische Anpassung der Bewegungen kann gegeben werden durch Verse, Abzählreime, Sprechrhythmen und Instrumente wie Flöte, Gitarre, Tamburin, Triangel, Stäbchen oder Xylophon. Oder es werden körpereigene Instrumente wie Klatschen, Schnipsen oder Stampfen eingesetzt, kurz, alles, was sich im Takt schlagen lässt und Töne von sich gibt.

Damit sich die Kinder jedoch auch schöpferisch entfalten können und um ihrem Bedürfnis nach ursprünglichem, körperlichem Ausdruck entgegenzukommen, sollte bei der musikalischen Begleitung genügend Freiraum für improvisierte, ungelenkte Bewegungen gegeben werden. Auch bei Tanz- und Kreisspielen müssen die Regeln nicht immer stur eingehalten werden. Die Musik, der Rhythmus animiert die Kinder, eigene, mit der Musik koordinierte Bewegungen zu erfinden. Insofern sind Tanzlieder für Kinder am ehesten mit den kultischen Tänzen früherer Kulturen vergleichbar. Dabei ging es auch nicht um die Zurschaustellung von Bewegung, sondern um die innere Erfüllung des Tanzenden. Musik und Tanz sind mitreißend und wenn Erwachsene heute im Konzert anfangen, mit dem Fuß zu wippen, sind dies im Grunde nichts anderes als verkümmerte Tanzbewegungen.

Ri, ra, rutsch, wir fahren mit der Kutsch'

Volksweise

Wer schon einmal einen Esel gesehen hat, weiß, wie störrisch diese Tiere sein können. Also, nachmachen.

Textvariante:
Ri, ra, rutsch,
wir fahren mit der Kutsch'!
Mit der Kutsche fahren wir.
Auf dem Esel reiten wir.
Ri, ra, rutsch,
wir fahren mit der Kutsch'.

Alle Kinder bilden einen Kreis, fassen sich an den Händen und setzen sich bei »Ri, ra, rutsch« in Bewegung. Ob sie linksherum oder rechtsherum laufen, das müssen sie vorher absprechen.
Bei »wir fahren mit der Kutsch'« dürfen die Kinder »galoppieren«, wie kleine Pferdchen und bei »wir fahren mit der Schneckenpost« müssen sie natürlich ganz, ganz langsam gehen. Besonders lustig wird es, wenn die Kleinen das Eselreiten nachahmen.

Dreh dich, kleiner Kreisel

Volksweise

Zuerst dreht sich ein Kind im Kreisinnern, die anderen laufen in der Gegenrichtung außen herum. Sie müssen den ersten Kreisel gut beobachten.
Das Kind im Kreis darf sich auf zwei Füßen drehen oder – schon ganz geübte Kreisel – drehen sich hüpfend auf einem Bein.
Bei »jetzt kommst du« stoppt der Kreisel plötzlich. Wem schaut er in diesem Moment ins Gesicht? Dieses Kind darf als weiterer Kreisel in die Mitte. Es wird solange weitergespielt, bis niemand mehr draußen steht. Alle Kinder drehen sich jetzt.

Sich auf einem Fleck im Kreis zu drehen, erfordert schon etwas motorisches Geschick. Und nicht zu schnell drehen, sonst wird einem schwindelig.

Taler, Taler, du musst wandern

Volksweise

Natürlich darf das Kind, das den Taler erhält, nicht mit der Wimper zucken, sondern muss ganz ernst bleiben, sonst ist alles verraten.

Dieses Spiel ist gut geeignet zur Abwechslung zwischen Spielen, die körperlich recht anstrengend sind. Denn jetzt müssen Taler und Ringlein einmal wandern und die erschöpften Kinder dürfen sitzen und verschnaufen. Dieses Spiel passt auch ganz vorzüglich zu einem fröhlichen Nachmittag im Familienkreis, denn die Spielregeln sind allen vertraut und auch Oma und Opa können ohne Anstrengung mitmachen.

Alle Kinder sitzen oder stehen im Kreis und halten die Hände vor sich mit den Handflächen aneinander gelegt. Allerdings müssen sie ein wenig geöffnet bleiben, sodass der Taler oder das Ringlein hineinfallen können. Ein Kind geht mit dem Schatz (Taler oder Ringlein) innen im Kreis herum, bückt sich und tut so, als ließe es ihn in die Hände eines jeden Kindes fallen.

Tatsächlich legt es den Schatz natürlich nur einmal ab. Das sollte aber so geschehen, dass es möglichst niemand sieht. Ist das Kind am Ende des Kreises angekommen, darf das letzte Kind raten, wo der Schatz ist. Ist es bei drei Rateversuchen erfolgreich, darf es jetzt das »Talerkind« sein und den Schatz verteilen. Irrt es jedoch dreimal, beginnt eine neue Runde mit demselben »Talerkind« wie bisher.

Zappelfüße

Volksweise

Bei diesem Spiel dürfen alle Kinder nach Herzenslust zappeln – egal, ob der Text gesungen oder gesprochen wird.
Wenn alle immer das machen, was in den Strophen genannt ist, wird es eine richtige kleine Turnstunde.

Schuhe und Socken ausziehen und barfuß tanzen, im Sommer natürlich im Freien auf weichem Gras.

1. Zeigt her, eure Füße,
was ist schon dabei.
Denn was Füße können,
das ist so allerlei.

2. …
Sie zappeln, sie zappeln,
sie zappeln den ganzen
Tag.

3. …
Sie stampfen, sie stampfen,
sie stampfen den ganzen
Tag.

4. …
Sie treten, sie treten,
sie treten den ganzen Tag.

5. …
Sie trippeln, sie trippeln,
sie trippeln den ganzen Tag.

6. …
Sie schlurfen, sie schlurfen,
sie schlurfen den ganzen Tag.

7. …
Sie tanzen, sie tanzen,
sie tanzen den ganzen Tag.

Im Sprechgesang vom kleinen grauen Eselchen darf jeder störrisch sein, wann er will. Sind die »Eselchen« irgendwann müde – jedes vielleicht zu einem anderen Zeitpunkt – hört es damit auf.

Ein kleines graues Eselchen

Volksweise

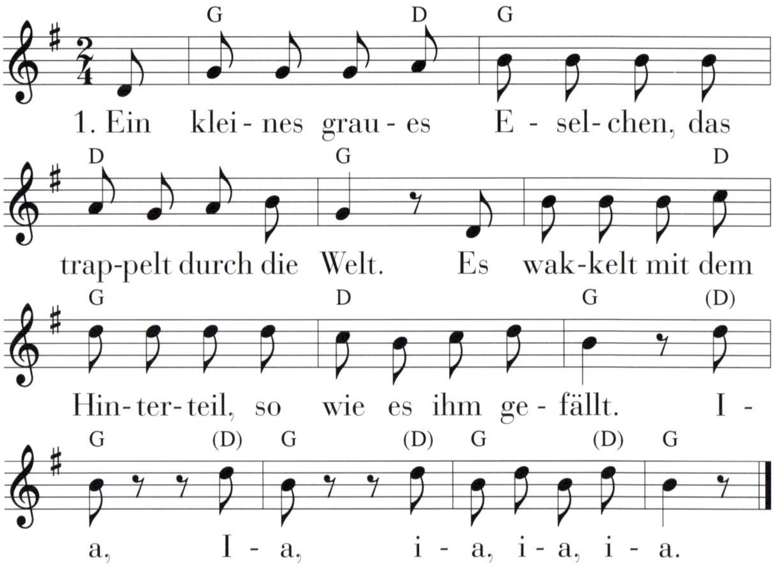

2. Erst geht es rechts, dann geht es links,
dann springt's vor Freude rum,
dann wackelt's mit dem Hinterteil,
dann fällt es müde um.
I-a, i-a, i-a, i-a, i-a.

Alle Kinder stehen im Kreis, stützen die Hände in die Hüfte, singen oder sprechen rhythmisch mit.
Wenn das Eselchen im Lied trappelt, drehen sie sich um sich selbst.
Wenn es mit dem Hinterteil wackelt, tun sie das auch. Wenn es »I-a« schreit, bewegen sie Kopf und Oberkörper und schreien so laut sie können.
Wenn das Eselchen in Strophe 2 links und rechts springt, springen sie mit, wackeln mit, und wer müde ist, fällt mit leisem »I-a« um und bleibt gleich liegen. Die anderen machen weiter, bis auch das letzte »Eselchen« nicht mehr mag.

Oben – unten – eins – zwei – drei

Wer kann schon bis zehn zählen?
Und wer will es lernen?
Jetzt müssen mindestens zehn Kinder mitmachen. Wenn es zwanzig sind, wird zweimal gespielt.
Alle sitzen im Kreis. Mit dem ersten Kind rechts neben dem Spielleiter beginnt der Kreis, so dass das lange Ende auf der anderen Seite ist. Bei jedem Vers, den der Spielleiter aufsagt, machen die Kinder eine Bewegung und schreien die Zahlen dabei ganz laut.

»Da oben auf dem Berge«

Über dem Kopf wird mit den Händen ein Berg dargestellt.
Die ersten drei Kinder stehen auf und rufen:

»Eins, zwei, drei«

»Da tanzen kleine Zwerge«

Die Finger tanzen auf dem Kopf.
Die nächsten drei Kinder stehen auf und rufen ganz laut:

»Vier, fünf, sechs«

»Da unten auf der Wiese«

Mit den Händen die Füße berühren.
Die nächsten drei Kinder stehen auf und rufen:

»Sieben, acht, neun«

»Da sitzt ein großer Riese«

Alle blasen die Backen kräftig auf.
Und alle zusammen rufen:

»Zehn«

Nasen-Bauch-Fuß-Po-Tanz

Den Refrain und den ersten Teil jeder Strophe sprechen die Erwachsenen oder größere Kinder alleine, den zweiten Teil rufen alle zusammen ganz laut. Spätestens am dritten Montag können auch die Kleinen alle Strophen.

Das ideale Spiel für den Montagmorgen im Kindergarten. Zu den Versen werden die entsprechenden Gesten gemacht.

Refrain:
Unser Kreis hat sich am Mo
mal was Neues ausgedacht.
Nase, Bauch und Fuß und Po
werden heute angelacht.

1. Meine Nas sagt guten Tag,
weil sie das so gerne mag.
Je zwei Kinder zeigen sich
eine lange Nase.
Refrain

2. Und mein Bauch sagt
guten Tag,
weil er das so gerne
mag.
Je zwei Kinder wölben die Hände
zu einem großen Bauch.
Refrain

3. Und mein Fuß sagt guten Tag,
weil er das so gerne mag.
Je zwei Kinder füßeln miteinander.
Refrain

4. Und mein Po sagt guten Tag,
weil er das so gerne mag.
Je zwei Kinder reiben ihr
Hinterteil aneinander.
Refrain

Wer darf die Wanze auf der Mauer sein?

Volksweise

Vielleicht finden Sie in einem Lexikon die Abbildung einer Wanze, damit sich die Kinder unter dem besungenen Tier etwas vorstellen können.

Die »Wanze« krabbelt im Stuhlkreis auf dem Boden herum, so langsam oder so schnell sie kann. Bei »Schau dir nur die Wanze an« fängt sie an, lustig herumzutanzen und setzt sich schließlich vor ein anderes Kind hin. Das darf die neue Wanze sein.
Und natürlich kommt jeder mal dran! Darauf achtet die Spielleitung!

Gänsedieb und Gänsediebfänger

Mündlich überliefert

Wenn es bei einer geraden Anzahl von Kindern keinen Fänger gibt, dürfen alle Kinder versuchen, den »Dieb« mit einem leichten Klaps zu »fangen«.

Die Kinder gehen paarweise Hand in Hand im Kreis herum. Bei einer ungeraden Anzahl von Kreiskindern schleicht der »Gänsedieb« von Anfang an außen um den Kreis herum. Alle singen das Lied. Bei »den hab' ich lieb« stoppt der Kreis. Nun heißt es aufpassen! Schnell müssen sich alle einen neuen Partner suchen. Das Kind, das dabei übrig bleibt, ist der neue »Gänsedieb«.

Bei einer geraden Anzahl von Kreiskindern, werden die beiden Kinder, die am längsten zur Partnersuche brauchen, zu »Gänsedieb« und »Fänger« bestimmt. Sie müssen jetzt um den sich neu bildenden Kreis herumrennen, wobei der »Fänger« versucht, den »Gänsedieb« zu erhaschen. Der Spielleiter achtet darauf, dass die Rollen klar verteilt sind.

Kleine Zipfelmützenverwechslung

Volksweise

Alle Kinder gehen im Kreis herum und singen das Lied. Die erste »Zipfelmütze« geht innen gegen die Laufrichtung.
Bei »bleib stehn« wählt die erste »Zipfelmütze« ein Kind aus dem Kreis aus und sie bewegen sich wie im Lied beschrieben.

Mit der Zeit sind immer mehr »Zipfelmützen« unterwegs, erst zwei, dann vier, dann acht und so weiter, bis alle Kinder »Zipfelmützen« sind und tanzen und toben. Dann löst sich der Kreis von selbst auf.

Ein Männlein steht im Walde

Alte Schätze

Auf der Wiese, in Hofräumen, auf freien Plätzen im Dorf oder im Schulhof sind Kinder aller Altersklassen Ringelreihenspielen nachgegangen. Ausdauernd blieben sie beim Spiel und ließen sich nur ungern unterbrechen. Reigen waren gleichzeitig auch die besten Sonntagsspiele im Freien, weil bei den ruhigen, tänzerischen Bewegungen das schöne Sonntagskleid anbehalten werden konnte. Die selbstverständlichen Tanzspiele seit Urgroßmutters Zeiten, die auch Urgroßväter natürlich gespielt und gesungen, getanzt und gestaltet haben, machen, obwohl sie bisweilen ein bisschen veraltet anmuten, immer noch Spaß. So haben auch Oma und Opa getanzt, Mama und Papa gespielt. Die Texte und Melodien wurden verändert, manchmal wieder in ihren alten ursprünglichen Ausdruck zurückverwandelt. Sie haben mit Generationen von Kindern gelebt und die Kinder mit ihnen. Tanzen, singen, sprechen, klatschen, sich drehen und bewegen führt Kinder auch heute zueinander, vermittelt ihnen ein soziales Gefühl von Gemeinsamkeit

und Zusammengehören. Und den kleinen Stolz, es mal genauso wie Mama und Papa, Oma und Opa, Urgroßmutter und Urgroßvater früher zu machen. Die meisten Schätze sind bekannt, aber ob wir uns an alle erinnern, sie noch kennen und können? Wir haben uns für die einfachsten Notensätze und die leichtesten Spielregeln entschieden, die natürlich je nach Alter, Spielfreude und Vermögen variiert oder erschwert werden dürfen.

Wichtig ist, dass wir die Kinder anregen, ihnen praktische Spielideen liefern, Ihrem Einfallsreichtum aber freien Lauf lassen. Ein wenig Hilfestellung ist angebracht, wenn beispielsweise ein Kind aufgrund motorischer Schwächen bei den Tanzspielen nicht mitkommt oder nie ausgewählt wird. Außerdem sollte es eine Abwechslung zwischen bewegungsintensiven und ruhigeren Spielen geben, sonst ist die Gruppe kaum noch zu »bändigen« und am Ende sind alle restlos erschöpft.

Alle Kinder laufen im Kreis. Eines stellt sich – mit den Händen eine »Pilzkappe« formend – in die Mitte, balanciert eine Weile auf einem Bein, dreht sich dann und holt einen zweiten »Pilz« dazu, der den ersten nachmacht. Um welche Pilze handelt es sich? – Fliegenpilz, Steinpilz.

Ein Männlein steht im Walde

Volksweise

1. Ein Männlein steht im Walde ganz still und stumm.
Es hat vor lauter Purpur ein Mäntlein um.
Sagt, wer mag das Männlein sein,
das da steht im Wald allein?
Mit dem purpurroten Mäntelein.

2. Ein Männlein steht im Walde auf einem Bein.
Es hat auf seinem Haupt ein schwarz' Käppelein.
Sagt, wer mag das Männlein sein,
das da steht auf einem Bein?
Mit dem kleinen schwarzen Käppelein.

Ringel, Ringel, Reihe

Volksweise

Wenn Sie das Lied vorsingen oder vorsprechen, lassen Sie nach und nach die Reimpaare wie »Rosen – Aprikosen« aus. Die Kinder können sie dann ergänzen. Das fördert das Sprachempfinden.

Textvariante:
Ringel, Ringel, Rosen,
schöne Aprikosen,
schöne Vergissmeinnicht,
alle Kinder setzen sich.

Zu Beginn laufen alle Kinder im Kreis, Hand in Hand. Bei den entsprechenden Liedstellen setzen sich alle hin und stehen wieder auf. Die Hände auf keinen Fall loslassen. Das ist ganz schön schwierig.

Fortsetzung:
Jetzt hüpfen die Kinder im Kreis und winken heftig. Bei »hop-sa-sa« dürfen sie in alle Richtungen davonstürmen.

Rhythmisch-musikalische Bewegungsformen helfen, Grob- und Feinmotorik zu entwickeln: Die Kinder lernen, mit ihrem Körper, ihren Füßen besser zurechtzukommen.

Petersilien Suppenkraut

Volksweise

Alle Kinder gehen im Kreis herum und singen diese einfache Melodie mit. Bei »unsere …« wird das erste Mädchen mit Namen genannt und darf den Kreis betreten. Es tanzt alleine. Auch der »Bräutigam«, »unser…«, wird genannt und betritt den Kreis. Er tanzt jetzt mit seiner »Braut«. Während die Kreiskinder wieder laufen und singen, diesmal aber nur den jeweils ersten Teil, bilden zwei Kinder ein Tor und lassen das »Brautpaar« aus dem Kreis tanzen. Es wird solange gespielt, bis alle Kinder sich zu »Hochzeitspaaren« zusammengefunden haben.

Die »Hochzeiter« freuen sich natürlich sehr, wenn die »Braut« ein Kränzchen bekommt und der »Bräutigam« einen Strohhut, geschmückt mit frischen Blumen und bunten Bändern.

Schwesterchen und Brüderchen

Volksweise

2. Mit dem Fingerchen tick, tick, tick,
mit dem Köpfchen nick, nick, nick.

3. Mit den Händen klatsch, klatsch, klatsch,
mit den Füßen trapp, trapp, trapp.

4. Ei, das hast du fein gemacht,
ei, das hätt ich nicht gedacht.

5. Noch einmal das schöne Spiel,
weil es mir so gut gefiel.

Die Kinder gehen paarweise zusammen und ahmen pantomimisch nach, was in der jeweiligen Strophe gesungen wird – Nicken, Klatschen, Trappeln …

Die Paare sehen sich an, winken sich bei den ersten vier Takten zu, dann fassen sie sich an den Händen, gehen nach rechts, nach links und drehen sich am Schluss im Kreis.

Ging ein Weiblein Nüsse schütteln

Volksweise

In der ersten Strophe richten sich die Kinder hoch auf und schütteln und rütteln die Nüsse von den Bäumen. In der zweiten Strophe gehen sie tief in die Hocke und pflücken Himbeeren. Vorsicht vor den Dornen! Sie müssen abgewehrt werden. In der dritten Strophe muss es schnell gehen. Hinsetzen, Schuhe ausziehen, in die Mitte werfen und nach dem Lied wieder anziehen. Wer kann es am schnellsten? Dann stellen sich alle wieder im Kreis auf.

2. Ging ein Weiblein Himbeern pflücken,
Himbeern pflücken, Himbeern pflücken;
riss dabei den Rock in Stücken,
Rock in Stücken, rums.

3. Hat nicht nur den Rock zerrissen,
Rock zerrissen, Rock zerrissen;
wird die Schuh auch flicken müssen,
flicken müssen, rums.

Häslein in der Grube

Altes Spiellied

2. Häslein in der Grube
nickt und weint, nickt und weint,
Doktor, komm geschwind herbei
und verschreib ihm Arzenei.
Häslein schluck ...!

3. Häslein vor dem Hunde
hüte dich! Hüte dich!
Er hat einen scharfen Zahn,
packt damit dich Häslein an.
Häslein lauf ...!

4. Häslein in der Grube
hüpft und springt. Hüpft
und springt.
Häslein, bist du schon kuriert?
Hui, es rennt und galoppiert.
Häslein hopp ...!

Variante:
Bei den Worten »Häslein hopp...!« öffnet das »Häschen« die Augen und hüpft auf einen Mitspieler zu. Der darf dann das Häslein sein.

Alle Kinder sitzen im Kreis und singen. In der Mitte sitzt das »Häschen«; es schläft, es lässt das Köpfchen hängen, es schluckt, es hat Angst vor den scharfen Zähnen des Hundes und dann hüpft und springt und läuft es aus dem Kreis. Um gleich darauf wieder bei den anderen im Kreis zu sitzen.

Zeigt her, was ihr schon alles könnt und wisst

Volksweise

Um Alltag und Festtag der Waschfrauen zu umreißen, muss die Liedstelle »Sie waschen« durch immer andere Tätigkeiten ersetzt werden: »Sie bügeln«, »sie nähen«, »sie putzen«, »sie schlafen«, »sie tanzen«.

Dies ist eines der ältesten Kreisspiele, das Kinder noch heute gerne vorführen, auch wenn sie keine Waschfrauen mehr bei der Arbeit beobachten können. Dennoch zeigen sie, dass sie wissen, wie es früher einmal war.

Getanzt wird mit den Händen in den Hüften, bis die jeweilige Tätigkeit kommt. Und es darf auch munter drauflos gedichtet werden.

Ein schweres Rätsel

Volksweise

2. Ihr denkt, das ist der Klapperstorch,
watet durch die Sümpfe.
Er hat ein schwarzweiß Röcklein an,
trägt auch rote Strümpfe.
Fängt die Frösche schnapp, schnapp, schnapp,
klappert lustig klapperdiklapp…
nein, es ist Frau Störchin!

Natürlich wissen die Kinder nach dem ersten Durchgang, um wen es sich handelt. Aber dann wird bei jedem weiteren Mal die Lösung eben ganz laut gebrüllt.

Alle Kinder stellen sich in zwei Kreisen auf. Jeder Kreis darf eine Strophe singen und dabei vorspielen. Zu den betreffenden Strophen staksen die Kinder, formen mit den Händen den langen Storchenschnabel und klappern damit. Das dürfen sie so oft tun, wie es ihnen Spaß macht.

Backe, backe Kuchen

Mündlich überliefert

Fortsetzung:
Backe, backe Kuchen,
der Bäcker hat gerufen.
Gretchen hat keinen
Teig gebracht,
kriegt auch keinen Kuchen.

Kuchen backen und Kuchen essen, wer würde da nicht gerne mitmachen. Immer acht Kinder können es sein, die einen »Kuchen« backen. Mehrere »Kuchen« gibt es bei zwei oder drei Kreisen mit jeweils acht Kindern.

In der Mitte steht der »Bäcker« und nacheinander kommen die »Zutaten« singend, schön der Reihe nach. Wer ist das Mehl, wer das Salz? Da müssen alle gut aufpassen, damit sie mitbekommen, wann sie dran sind, und dürfen sich nicht vordrängeln. Im Kreis, der sich auflöst, je vollständiger der »Kuchenteig« wird, gibt es ein munteres Durcheinander. Zum Schluss muss aber ein rund gestalteter »Kuchen« dastehen, den der »Bäcker« stolz vorzeigen kann.

Zipfelmützen-Butzemann

Volksweise

Die Kinder gehen Hand in Hand im Kreis in wechselnde Richtungen. Der »Butzemann« geht innen. Wo wird er stoppen, nachdem er sich gerüttelt und geschüttelt hat? Vor wem wird er sein Säckchen abwerfen? Und wer wird der nächste Butzemann sein?

Wer mag, kann sich ein Glocken- oder Schellenband um das Hand- oder Fußgelenk binden. Das unterstützt die Tanzbewegung.

Noch mehr Spaß macht das Spiel mit einer oder zwei Zipfelmützen und einem mit Sand gefüllten Säckchen.

Hacke, Spitze, eins, zwei, drei

Tanzen im Kreis, mal kürzer, mal länger

Tanzen lässt es sich zu zweit, das ist klar. Durchs Zimmer und in den Himmel. Tanzen macht auch ganz alleine Spaß. Aber Tanzen, Sichbewegen ist in der Gruppe besonders schön – egal, wie groß die Gruppe ist. Abwechslung gibt es, wenn sich der Paartanz mit einer Gruppenformation abwechselt.

Für Kinder ist der Tanz ausgesprochen geeignet, denn er kommt ihrem Bewegungsdrang entgegen, schult das Gehör und das Gefühl für Rhythmus und Takt.

Viele Singspiele können getanzt und szenisch dargestellt werden; Tanzspiele sind eigens nach tänzerischen Regeln und für die Tanzdarstellung ausgedacht worden. Die Kinder müssen nicht mitsingen, dürfen es aber, wenn es in dem Spiel mehrere Durchgänge gibt. Diese Tanzspiele eignen sich auch besonders gut für eine kleine Aufführung. Durch das Eingebundensein in

den Spielablauf vergessen die Kinder, dass sie jetzt im Mittelpunkt der Aufmerksamkeit stehen, bleiben natürlich und unbefangen und eine Konkurrenzsituation kann gar nicht erst entstehen. Wer überhaupt nicht tanzen mag, aber dabei sein möchte, kann natürlich der Tanzmeister sein. Er gibt dann den Ton und Takt an mit dem Tamburin, der Trommel, mit Händen und Füßen, mit jedem Instrument, das er spielen kann und das zur Verfügung steht.
Wahrscheinlich haben bald alle Kinder Lust zu dirigieren und ein wenig die Leitung zu übernehmen. Da erhebt sich dann die Frage, wer als erster oder als nächster drankommt. Es gibt einige Möglichkeiten, diese Frage gerecht zu entscheiden: Das Alphabet bestimmt die Reihenfolge, das Alter der mitspielenden Kinder, wobei das jüngste anfängt, oder es werden Nummernzettel in einen Hut geworfen und dann ausgelost.
Am schönsten lässt es sich tanzen, wenn das Spiel instrumental oder mit Gesang einer Gruppe begleitet wird. Die einen tanzen, die anderen singen, klatschen oder spielen ein Instrument. Auch in der Abwechslung liegt der Reiz.

Das Spiel ist auch wunderbar dazu geeignet, Kinder, die sich nicht kennen, einander vorzustellen, da die Namen zweimal genannt werden. Sie können die Kinder auch dazu anregen, sich jeweils ganz persönlich einzuführen, indem sie – sozusagen als Fahrpreis – einen Hüpfer, einen Purzelbaum o. Ä. machen, ehe sie sich anhängen. Ist die Kette lang genug, kann ein Kreis gebildet werden.

Klingelingeling, die Straßenbahn

Volksweise

Alle singen, der Spielleiter geht zunächst allein durch den Raum, wobei er jedesmal an der entsprechenden Stelle des Liedes ein neues Kind aufruft, das sich bei ihm anhängt. Handelt es sich um ein »großes« Kind, darf es sich in der immer länger werdenden Kette einhängen, wo es will; »kleinere« Kinder dürfen beim »Schaffner« Zuflucht nehmen, d.h. sie hängen sich direkt beim Spielleiter ein.

Alle tanzen mit

Volksweise aus der Türkei

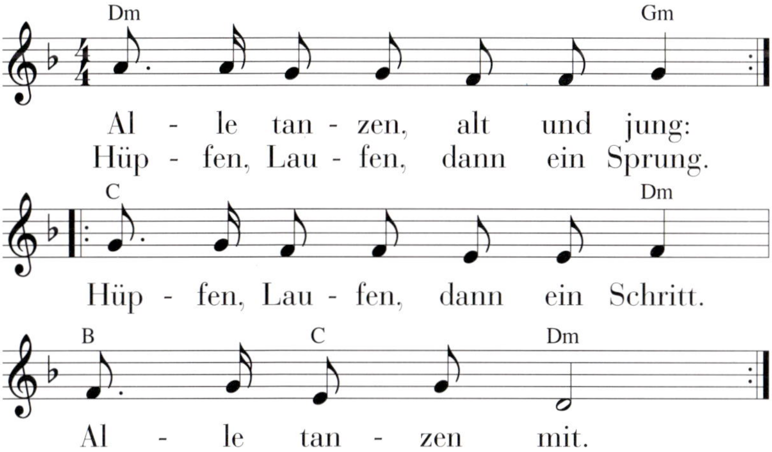

Gemeinsam Singen und Tanzen spielt beim sozialen Lernen eine wichtige Rolle: aufeinander eingehen, sich zurücknehmen und auf die anderen hören.

Die Kinder stellen sich im Kreis auf und fassen sich an den Händen. Abwechselnd gehen sie zur Melodie in den Kreis hinein und wieder heraus.

Es geht los mit einem Hüpfer auf der Stelle, dann vier Schritte zur Kreismitte, Schlusssprung.

Ein Hüpfer auf der Stelle, vier Schritte rückwärts, Schlusssprung.

Ein Hüpfer auf der Stelle, vier Schritte zur Kreismitte, linken Fuß vor den rechten stellen.

Ein Hüpfer auf der Stelle, vier Schritte rückwärts, rechten Fuß vor den linken stellen.

Der Tanzbärentanz

Mündlich überliefert

Allen Kindern macht es Spaß, so tapsig wie ein Bär herumzutollen und zu tanzen.

Ein Tanzbär tanzt nicht gern allein –
besser geht es schon zu zwein –
zum Schluss wollen alle Tanzbären sein.

Der erste »Tanzbär« tanzt in der Mitte des Kreises in Bärenhaltung, mit ausgestreckten Armen von einem Bein aufs andere.

Er sucht sich eine Freundin oder einen Freund aus dem Kreis. Sie tanzen miteinander und trennen sich dann wieder. Jetzt gibt es schon zwei »Tanzbären«, die sich neue Partner suchen. Bald steht kein Kind mehr im Kreis, denn der Tanzbärentaumel reißt alle mit.

Und dann sind die Bären los!

Lustiger Spitzentanz

Mündlich überliefert

Nach diesem Spiel wissen sicher alle Kinder, wo links und rechts ist und wie sich Ferse und Zehenspitze anfühlen.

Und so ist die Schrittfolge:

Hacke – Spitze – Beistellschritt nach rechts,
Hacke – Spitze – Beistellschritt nach links,
einfache Laufschritte nach rechts,
einfache Laufschritte nach links,
vorwärtsgehen – einmal stampfen,
rückwärtsgehen – nochmal stampfen.

Die Kinder stellen sich nebeneinander auf eine Linie und legen die Arme auf die Schultern der Nachbarn. Das gibt Halt und Stütze und ist eine gute Vorbereitung auf schwierigere Volkstänze.

Getanzt wird schnell, mit mehreren Durchgängen, wobei das Tempo auch gesteigert werden kann. Konzentration ist wichtig, trotz der einfachen Schrittfolge, sonst bleibt die Linie nicht gerade oder reißt gar ab.

Wir galoppieren in den Frühling

Rhythmisches Sprechen und Singen üben einen guten Einfluss auf die Atmung, die richtige Betonung und die saubere Lautbildung aus.

Wir schließen das Tor,
wir öffnen das Tor,
die ... und
der ...
die treten hervor.

Heißa, einmal durch die Reihe
und wir andern bleiben stehn.
Heißa, nochmal durch die Reihe
und auf Wiedersehen.

Alle Kinder stellen sich in zwei geraden Linien gegenüber auf. So entsteht eine Gasse.

Bei der Textstelle »Wir schließen das Tor« gehen die Kinder einen Schritt aufeinander zu und reichen sich die Hände. Bei der Stelle »wir öffnen das Tor« heben sie die Arme, so dass viele Torbögen entstehen.

Danach ruft der Spielleiter immer zwei einander gegenüber stehende Kinder auf, die dann sooft, wie die Strophe gesungen wird, durch die Gasse rauf und runter »galoppieren« dürfen.

Durch die in den Reihen entstandenen Lücken wird die Gasse immer länger und die neu Aufgerufenen müssen immer weiter laufen.

Der Text wird auf einen Ton gesungen oder gesprochen und dazu wird geklatscht.

Bei soviel Schwung und Lebensfreude muss es einfach Frühling werden.

Tambourium

Mündlich überliefert

Ab etwa vier bis fünf Jahren beginnen Kinder zu rhythmisieren. Jetzt sind Klatschspiele sehr beliebt.

Die Kinder laufen in einer Richtung im Kreis.
Ein Junge oder ein Mädchen bekommt das Tamburin und geht im Innern des Kreises gegen die Laufrichtung. Bei der entsprechenden Textstelle gibt es einen Trommelwirbel, der es wahrlich in sich hat. Das Kind, vor dem dieser Wirbel geschlagen wird, tanzt und dreht sich aus Leibeskräften auf seinem Platz.
Den Refrain unterstützen die übrigen Kreiskinder durch rhythmisches Klatschen. Das bringt Bewegung in den Kreis. Wer getanzt hat, darf als Nächster trommeln.
Wer viel Feingefühl hat, richtet seinen Trommelwirbel natürlich danach, wie alt das ausgewählte Kind ist und wie schnell es sich bewegen kann.

Die Schulung von Bewegungsabläufen und Wahrnehmungsfähigkeit ist außerordentlich wichtig für die harmonische Gesamtentwicklung des Kindes.

Rote Kirschen – Sommertanz

Volksweise

An diesem Spiel, das sich gut für Vorstellungen eignet, können bis zu fünf Tanzpaare mitmachen.

Teil A: Alle Kinder bewegen sich um sich selbst drehend im Kreis. Ein Kind tanzt außen herum.

Teil B: Das Kind kommt von außen in den Kreis herein getanzt, sucht sich ein anderes Kind aus und zusammen verlassen sie den Kreis tanzend wieder.

Teil C: Das Tanzpaar schreitet in Gegenrichtung zu den sich drehenden Kreiskindern.

Dann beginnt das Lied von vorne. Jetzt suchen zwei Kinder einen Tanzpartner, solange, bis der Kreis aufgelöst ist.

Tanz der lustigen Springer

Text: überliefert; Melodie: F. Jaffke

Die Tanzkinder stehen paarweise und bilden einen doppelten Tanzkreis. Dann gehen sie zunächst gemessenen Schrittes los. Wilder wird es ganz von selbst: Erst führen sie die dem Text entsprechenden Bewegungen aus, dann haken sie sich ein und drehen sich.

Wer nicht singen mag, kann klatschen, trommeln, pfeifen oder flöten. Und wenn es eine Kindergruppe ist, die nicht tanzen mag, wird eben eine kleine Kapelle gegründet. Die Erwachsenen dürfen übrigens auch mitsingen.

Wir bilden einen großen Kreis und lassen alle rein

Spiele ohne Satz und Sieg

Spielen und gewinnen ist schön, vor allem für die Gewinner. Spielen und verlieren üben ist wichtig vor allem für Kinder, die noch lernen müssen, geduldig auf ihre zweite Chance zu warten. Aber: Spielen ohne Konkurrenz ist entspannend.

Wenn Kinder wissen, dass alle drankommen, dass keiner der Erste oder Letzte sein muss, spielen manche nochmal so gerne. Spielen ohne Gegner führt zusammen, integriert und vereint. Spielen ohne Regeln ist bald langweilig und alle sind verärgert. Aber Kinder ohne Spiele haben ein wichtiges Vergnügen zu wenig. Die Spielanforderungen werden höher, je mehr Strophen und je mehr Text sich die Kinder merken müssen. Allerdings können Konzentration und Spielmotivation komplett in den mentalen Bereich verlagert werden, da kein Gegner und keine Gegnerin zu befürchten sind und auch niemand überrundet oder besiegt werden muss. Der Erfolg des Spiels ist Resultat einer »Gruppenarbeit«: Sieht das, was wir hier spielen, schön aus? Hört es sich gut an? Haben wir etwas Schönes zustande gebracht, alle zusammen? Das sind die eher unausgesprochenen, aber ernst zu nehmenden kindlichen Fragen, die am Ende vom Spiel selbst beantwortet werden. Die Postkutsche, die rollt, der Dampfer, der fährt, die Straßenbahn, die klingelt, die Eisenbahn, die lustig zischt, der Schaffner, der zufrieden lacht, das Spinnennetz, das hält, und der Elefantenzug, der laut trompetend durch die Welt zieht.

Spiele ohne Satz und Sieg, mit großem Spass.

Postbote ist für Kinder ein spannender Beruf. Ein Postbote kommt viel herum und erfährt so manches Geheimnis.

Klingelingeling, die Post ist da

Volksweise

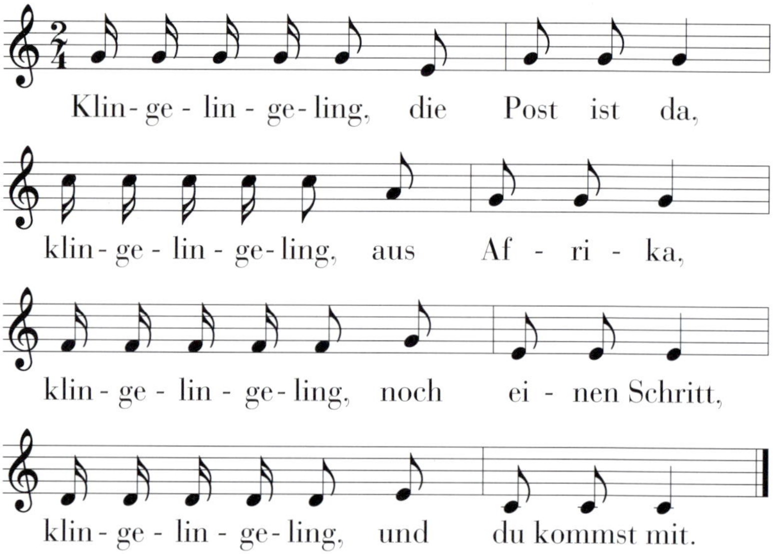

Ein Ketten-Sammel-Spiel vom Feinsten für die Kleinsten: Endlose »Postbotenschlangen« marschieren mit dem einfachen Gesang durchs Zimmer, durch den Garten, über Felder und Wiesen und keiner merkt, z. B. beim Ausflug, dass er eigentlich schon längst nicht mehr laufen wollte.

Bevor nicht jedes Kind Postbote war, ist das Spiel nicht zu Ende. Immer das letzte Kind, das aufgefordert wird mitzukommen, ist der neue Postbote.

Zisch-zisch-zisch – die Eisenbahn

Volksweise

Vielleicht ruckelt und zuckelt die »Eisenbahn« auch recht heftig, so dass alle ganz schön hin und her geworfen werden. Und wehe, sie bremst einmal scharf.

Die »Eisenbahn« fährt im Kreis herum. Jedes Kind, das genannt wird, hängt sich an, bis alle aufgerufen sind und die »Lokomotive« den letzten »Wagen« berührt.
Einige Kinder bilden – sich an den Händen haltend – eine Kette; die anderen warten am Rand auf ihren Auftritt.

Hier sind wirklich mutige Singgruppen gefragt. Und fleißige! Damit alle »ihre« Sprache beherrschen, ist einige Übung nötig, aber dann ist jeder Tag als Festtag willkommen.

Jakob-Kauderwelsch

Volksweise

Alle Zuschauer und Zuhörer werden staunen, wie sich die acht Singgruppen sprachstark präsentieren. Am Besten ist es, wenn der Text zuerst einzeln und dann in der Gruppe gesungen wird.

Damit auch jeder Zuhörer alles versteht, treten vor der Darbietung drei (möglichst kleinere) Spielkinder auf, die den Text erklären. Und das geht so: Eines ist der besungene Bruder Jakob. Er schläft. Eines rüttelt ihn wach und eines stellt die Glocke dar. Es wiegt sich hin und her und ahmt die Schläge nach. Ein Instrument zur Unterstützung macht es leichter.

1. Gruppe: deutsch
Bruder Jakob, Bruder Jakob,
schläfst du noch?
Schläfst du noch?
Hörst du nicht die Glocken?
Hörst du nicht die Glocken?
Ding, dang, dong, ding, dang,
dong.

2. Gruppe: französisch
Frère Jacques, frère Jacques,
dormez vous,
dormez vous?
Sonnez les matines,
sonnez les matines,
ding, din, don, ding,
din, don.

3. Gruppe: englisch
Are you sleeping, are you
sleeping, brother John,
brother John?
Morning bells are ringing,
morning bells are ringing:
ding, dong, bell, ding,
dong, bell.

4. Gruppe: italienisch
Fra Martino, campanaro,
dormi tu, dormi tu?
Suona le campane,
suona le campa-
ne.
Ding, dong,
dang,
ding,
dong,
dang.

5. Gruppe: türkisch
Yakup usta, Yakup usta!
Haydi kalk, haydi kalk?
Saatine bir bak, saatine bir bak!
Ding, dong, ding, ding, dong
ding.

6. Gruppe: dänisch
Mester Jakob, Mester Jakob,
sover du, sover du?
Hører du ej klokken,
hører du ej klokken?
Bim, bam, bum, bim,
bam, bum.

7. Gruppe: chinesisch
Liang zhi lao hu, liang zhi
lao hu pao de guai,
pao de guai
yi zhi mei you yan jin,
yi zhi mei you wei ba
zhen qi guai, zhen qi guai.

8. Gruppe: Kauderwelsch
Ene mene, ene mene
sub dum dum,
sub dum dum?
Eki mako murzel,
eki mako murzel
pi, pa, pum, pi,
pa, pum.

Beim Schwingen von Oberkörper und Armen zum Glockenschlag darauf achten, dass der Körper wirklich ganz locker bleibt. Bei geöffneten Fenstern gibt es dann richtig frischen Schwung.

Musik, Tanz und Gesang erzeugen Atmosphäre, unterstützen Stimmungen und bieten Möglichkeiten, Gefühle auszudrücken.

Der kranke Frosch

Text und Musik: Reinhard Zukowsky

Heute feiern wir, weil es dem Frosch wieder gut geht. Wenn das kein schöner Anlass ist! Aber manche Frösche wollen erstmal hören, dass es ihnen lange Zeit schlecht gegangen ist. Husten, Schnupfen, Heiserkeit, Magenweh und Übelkeit, Bauchdrücken, Schmerz im Rücken, Fieberträume …

Es ist unerhört, wo es einen Frosch so überall zwicken kann. Das spielt und singt jetzt die ganze Gruppe vor und alle machen dabei mit: Zuerst sitzen die »Frösche« schlapp und krank im Kreis, legen sich sogar platt auf den Boden und strecken die Zunge heraus. Aber in der letzten Strophe springen sie alle wieder, so weit wie sie nur können.

2. Gestern gings dem Frosch noch schlecht,
gestern war ihm gar nichts recht.
Hockte stumm
am Teich herum
und nahm alles krumm,
klagte leis den ganzen Tag:
quak-quak-quak-quak-quak,
klagte leis den ganzen Tag:
quak-quak-quak-quak-quak.

3. Gestern gings dem Frosch nicht gut.
Ohne Schwung und ohne Mut,
schlapp und matt
wie'n welkes Blatt,
dass ein jeder Mitleid hat,
quängelte den ganzen Tag:
quak-quak-quak-quak-quak,
quängelte den ganzen Tag:
quak-quak-quak-quak-quak.

4. Heute aber, Gott sei Dank,
ist der Frosch schon nicht mehr krank.
Und voll Schneid
springt er heut
mehr als einen Meter weit
und quakt froh den ganzen Tag
quak-quak-quak-quak-quak,
und quakt froh den ganzen Tag:
quak-quak-quak-quak-quak.

Wenn Ihr Kind wieder einmal krank ist, ist das Lied vom kranken Frosch vielleicht ein kleiner Trost. Darüber, dass der kranke Frosch mit ihm leidet, quengelt und quakt, vergisst es schnell das eigene Unwohlsein und kann schon bald wieder lachen.

Die Reise nach Jerusalem

Im Kreis und auf der Linie, drinnen und draußen

Die Freude an der Gemeinsamkeit ist bei diesen Gruppenspielen ganz deutlich zu sehen. Alle Kinder sind ein wichtiger Bestandteil des Spieles, ob sie im Kreis stehen oder auf der Linie, alle Kinder haben eine Aufgabe, die sie erfüllen wollen, damit es überhaupt ein Spiel wird. Die Regeln sind einfach, es gibt keine langen Erklärungen oder Vorgaben und gerade deshalb können die Spiele je nach Größe der Gruppe oder Alter des Kindes variiert werden. Daher sind diese Spiele sowohl für eine Kindergartengruppe mit vielen Teilnehmern geeignet als auch für die

Geburtstagsparty oder für den Urlaub mit zwei oder mehr Familien. Gruppenspiele und Kreisspiele wirken der Isolation einzelner Kinder entgegen, die sonst lieber außerhalb stehen und auch leicht an den Rand gedrängt werden. Sie fördern den körperlichen Kontakt untereinander durch anfassen, berühren, abschlagen oder durcheinanderkugeln.

Spiele wie »Die Reise nach Jerusalem« können von der Kindergruppe unter Anleitung eines Erwachsenen gespielt werden, bei häufiger Wiederholung aber schon bald auch alleine. Das bringt den Mitspielern ein gutes Stück Unabhängigkeit, macht selbstständig und nicht selten bekommen die Teilnehmer Lust, die Töne, Gesänge und Texte selbst zu erfinden, zu erweitern oder zu verändern. Der kreative Umgang mit dem vorgegebenen Material wird also angeregt, je einfacher und leichter zu beherrschen es ist. Das eigene Körperinstrument, die Stimme, wird wichtig und dabei gleichzeitig die akustische Wahrnehmung geschult. Wann muss ich zuhören? Wann aufhören? Wann schnell sein? Übung und Erfahrung machen hier den Meister und die Meisterinnen. Gespielt werden kann überall, wo Platz ist. Im Zimmer, im Flur, im Freien. Die notwendigen »Requisiten« wie Stühle, Tücher, bisweilen auch Kreide oder Kissen, Stäbchen, Tamburin und Glocken, Schellen, Flöte, Xylophon oder auch Musik »aus dem Kasten« sind gleich bereit oder schnell aus ein paar Topfdeckeln, aufgefädelten Glöckchen, sandgefüllten Pappröhren und mit Wasser gefüllten Gläsern gebastelt.

Die Reise nach Jerusalem

Hier zeigt es sich, dass die Besten es nicht immer am leichtesten haben.

Im Zimmer findet das Spiel mit Stühlen statt, wird dagegen in einer ruhigen Wohn- oder Spielstraße oder auf einem gepflasterten Hof gespielt, können die Positionen auch als runde Plätze mit Kreide aufgemalt werden. Die aus dem Spiel genommenen Positionen werden dann mit einem großen Kreuz durchgestrichen. In der nächsten Runde wird entweder die Farbe zum Durchstreichen gewechselt (Achtung: schwierig!) oder der Boden geputzt und die Kreise neu aufgemalt.

Die Anzahl der Stühle (oder Kreise) ist um eins geringer als die der Mitspielenden. Sie werden Lehne an Lehne nebeneinander aufgestellt.

Und dann geht die Reise los, mit Musik, Trommel oder Trompete. Die mitspielenden Kinder gehen in einer festgelegten Richtung um die begehrten Plätze herum. Lässt der Spielleiter – auch ein Kind, das tunlichst mit dem Rücken zur spielenden Gruppe steht – das Geräusch verstummen (plötzlich und eindeutig!), sucht sich jedes Kind einen Platz. Eines hat Pech gehabt – kein Platz mehr frei – und verlässt, allerdings gut gelaunt, die Runde, weil es jetzt für die musikalische Begleitung und die Signale zum Abbruch zuständig ist. Die anderen müssen weiter drängeln, wobei die Anzahl der Plätze natürlich erneut um einen verringert wird. Am Ende ist ein Kind der Sieger und hat gleichzeitig eine Verpflichtung: Es muss die Stühle neu aufstellen, die Kreise wegwischen und neu aufmalen – kurz: alles für die nächste Runde herrichten.

Am Anfang können die Erwachsenen noch auf diese Regel hinweisen, später machen es die Kinder ganz von alleine.

»Häschen aus dem Busch« oder »Anrempeln verboten«

Diese Variation der »Reise nach Jerusalem« ist schon für kleinste Kinder geeignet und macht ihnen großen Spaß.
Ein Stuhlkreis wird aufgebaut und das Kind, für das kein Stuhl vorgesehen ist, darf als »Häschen« anfangen.
Es steht in der Kreismitte und ruft irgendwann: »Häschen aus dem Busch!« Und schon hoppeln sie los und kreuz und quer, die »Häschen« alle. Auch das Kind in der Mitte springt umher.
Wenn der Ruf ertönt: »Husch, husch, husch!«, müssen jedoch alle »Büsche« (Stühle) wieder aufgesucht werden. Der »Hase«, der keinen Platz gefunden hat, ist der neue »Kreishase«.

Gerade mit kleinen Hasen, die so niedlich aussehen mit ihrem weichen Fell und ihren zarten Öhrchen, identifizieren sich Kinder gerne.

Hasenhoppeln

Gleich anschließend an »Häschen aus dem Busch« kann die Gruppe dieses Spiel spielen, bei dem sich der Kreis wieder auflöst und ein ganzer »Hasenzug« entsteht.

Ein kleiner Hase hoppelt durch das Gras,
wackelt mit dem Schwänzchen; macht ihm einfach Spaß.
Zwei kleine Hasen hoppeln durch das Gras,
wackeln mit den Schwänzchen; das macht ihnen Spaß.
Drei kleine …

Zu diesem rhythmisch gesprochenen Text hoppelt der ursprüngliche »Kreishase« los, zeigt mit den Händen Hasenohren und das Hasenschwänzchen an, sucht sich einen »Mithoppler«, der wiederum den nächsten usw., bis alle Kinder im Zug dabei sind. Beim Mitzählen darf geholfen werden.

Der Punktgewinner darf auch den Ort oder das Land nennen, wohin es bei der nächsten Reise geht.

Die Reise im Kreise

Volksweise

Die Kinder stehen Hand in Hand im Kreis, »reisen« in eine Richtung und singen das leicht zu erlernende Reiseliedchen.

Bei »und die/und der« hält der Kreis an. Wer steht jetzt gerade an dem vorher mit einem Tuch oder Brotzeitbeutel, einer Mütze oder einem Stuhl markierten Punkt? Alle Kreiskinder schauen hin und setzen schnell den richtigen Namen ein.

Und nach den Worten »... zeigt uns an, was man dabei machen kann«, darf der Punktgewinner etwas »vorturnen«. Je phantasievoller, desto besser: Koffer schleppen, gähnen, Zug fahren, in die Hocke gehen, Arme schlenkern, Beine stampfen, auf Zehenspitzen gehen, in die Landschaft schauen und was man sonst noch auf einer Reise so alles tun kann.

Alle im Kreis machen die kleine Pantomime nach und singen den Schlussrefrain.

Und schon beginnt die Reise von neuem.

Hüpfe-Humpel-Zappelgasse

Mündlich überliefert

Der nachfolgende Text kann auch zu einer anderen Melodie gesungen, rhythmisch gesprochen oder mit einem Schlaginstrument begleitet werden.
Die Kinder bilden durch zwei sich gegenüberstehende Reihen eine Gasse mit mindestens drei Schritten Abstand. Bei sehr vielen Mitspielern können auch zwei oder mehrere Gassen entstehen.
Ein Paar am Ende einer Gasse beginnt, hält sich an den Händen, bewegt sich so durch die Gasse, wie die »Gassenkinder« im Lied singen und stellt sich hinten wieder an.

1. Kennt ihr schon die »Hüpfegasse« mittendrin in unsrer Stadt? Wer hineinkommt, der muss hüpfen.
Ist am Ende müd und matt.

2. Kennt ihr schon die »Humpelgasse« ... der muss humpeln.

3. Kennt ihr schon die »Zappelgasse« ... der muss zappeln.

4. Kennt ihr schon die »Schlurfegasse« ... der muss schlurfen.

5. Kennt ihr schon die »Schleichegasse« ... der muss schleichen.

6. Kennt ihr schon die »Tanzegasse« ... der muss tanzen.

Und wer nach all den Strophen noch nicht müde ist, muss halt seinen Kopf ein wenig anstrengen!

Weitere Strophen:
»Laufegasse«,
»Schreitegasse«,
»Kriechgasse«,
»Einbeingasse«,
»Schmusegasse« usw.

Gretel, Pastetel, was machen die Gäns'?

Altes Kinderlied

Setzen Sie die Gruppen nahe zusammen, damit der Chor lautstark ist.

Es müssen drei Gruppen gebildet werden und der Spielleiter singt die Frage. Die anderen antworten als Gänse, Kühe oder Hähne mit Bewegung und Geschrei.

Und dann kann auf ein Zeichen der Spielleitung losgegackert, gemuht und gekräht werden.

Frage: Gretel, Pastetel, was machen die Gäns'?
Antwort: Sie sitzen im Wasser und waschen die Schwänz'.
Großes Gänseschnattern

Frage: Gretel, Pastetel, was macht eure Kuh?
Antwort: Sie stehet im Stalle und macht immer »muh«.
Großes Gemuhe

Frage: Gretel, Pastetel, was macht euer Hahn?
Antwort: Er sitzt auf dem Mist und kräht, was er kann.
Großes Gekrähe, Kikeriki

Plumpsackspiel

Dieses Spiel ist was für lahme Beine und schnelle Köpfchen. Alle sitzen im Kreis schön gemütlich und entspannt auf ihren Kissen, Stühlen, Matten oder sonstigen Sitzgelegenheiten.
Plötzlich zaubert ein Erwachsener – hier dürfen Sie mal anfangen – einen Plumpsack aus dem Nichts hervor. Es kann ein leichter, mit Sand gefüllter Sack sein, ein kleines Kissen oder ein Ball. Der Plumpsack wird nun einem Kind zugeworfen und dabei ein Wort gesagt, z. B. »klein«. Je nachdem, was zuvor abgesprochen wurde, antwortet das Kind mit einem gegensätzlichen Wort und wirft dabei den Plumpsack zurück.

Bei diesem Spiel kommen Kinder, die motorisch vielleicht etwas ungeschickt oder langsam, dafür aber Schnelldenker sind, auf ihre Kosten.

Beispiele für Wortpaare:
klein – groß / dick – dünn / dunkel – hell / rechts – links / oben – unten / hinten – vorne

Oder:
Zitrone – gelb / Wasser – blau / Gras – grün / Blut – rot / Maus – grau / Krähe – schwarz

Oder:
Knopf – Loch / Brot – Laib / Schnee – Ball / Ball – Spiel / Haus – Tür / Ohr – Ring

Oder zum Weiterdichten:
Ich bin – eine Maus – die kommt – aus dem Haus – ich treffe – eine Katz – die haut – mit der Tatz – ich renn – um die Eck – und klau – mir 'nen Speck …

Kommando Pimperle

Woher dieses Spiel seinen Namen hat, lässt sich nicht mehr feststellen; wohl aber, dass es schon von unseren Urgroßeltern mit Begeisterung gespielt wurde.

»Kommando Pimperle« ist ein richtiges Regenwetterspiel fürs Zimmer oder wenn es draußen schneit und ungemütlich kalt ist. Eine mildernde Abwandlung der Regeln gibt es weder für jung noch alt. Die einzig wichtige Regel lautet nämlich: Auf Kommando des erwachsenen oder kindlichen Spielleiters wird reagiert, d.h. es werden die Hände bewegt. Aber: nur auf »Kommando«!

Alle Mitspieler sitzen um den Tisch herum, auf den sie ihre Hände gelegt haben. Der Spielleiter macht allerhand Faxen. Er sagt »Pimperle« und trommelt mit den Zeigefingern auf die Tischkante, schnell und rhythmisch. Dann sagt er »alle Vögel fliegen hoch« und zeigt mit flatternden Handbewegungen, wie Vögel fliegen; er sagt »Turmbau« und bildet mit den Fäusten übereinander einen Turm und er sagt »Spitzentanz« und lässt die Fingerkuppen auf dem Tisch tanzen und was ihm sonst noch einfällt.
Aber nur, wenn der Spielleiter auch »Kommando« vor der Aufforderung sagt, darf und muss er nachgemacht werden. Sonst bleiben die Hände in der Stellung, in der sie gerade sind. Wehe, wer da nicht aufpasst, der kann dann »davonfliegen« oder ein Pfand abgeben, das in einem zweiten Spiel ausgelöst wird.

Zum Beispiel:
»Kommando Pimperle«: alle trommeln auf den Tisch
»Alle Vögel fliegen hoch«: weitertrommeln
»Kommando alle Vögel fliegen hoch«: Hände flattern in der Luft
»Kommando Pimperle«: auf den Tisch trommeln
»Flach«: weitertrommeln
»Kommando Ameisen krabbeln«: mit den Händen krabbeln
»Pimperle«: weiterkrabbeln
»Kommando Pimperle«: auf den Tisch trommeln
»Kommando U-Boot«: Hände unter den Tisch
usw.

Hexentanz

Alle Kinder gehen Hand in Hand im Kreis und sprechen den Refrain, eventuell von einer düster schlagenden Trommel begleitet. Der Hexer oder die Hexerin (im Text männliche oder weibliche Form gebrauchen!) geht im Kreis in der Gegenrichtung und spricht den anderen Text.

Die Kinder aus dem Kreis, die Vögel sein wollen, schlagen mit den Flügeln, piepsen und treten aus dem Kreis (die »Hunde« bellen und die »Fröschlein« quaken usw.).

Refrain:
Dideldadeldudel, dideldadeldum,
Heute geht der Hexer, der Hexer
herum.

1. Strophe
Hokusdipokus
seid Vögel im Nu,
ich bin der Hexer
und hex immerzu.

Refrain

2. Strophe
Hokusdipokus
seid Hunde im Nu,
ich bin der Hexer
und hex immerzu.

Refrain

3. Strophe
Hokusdipokus
seid Frösche im Nu …

Refrain

4. Strophe und alle weiteren
Hokusdipokus
seid Katzen, Mäuse,
Schlangen …

Der vielstimmige Chor der »verzauberten Tiere« verstärkt sich immer weiter. Die Kinder im Kreis bestimmen, wie lange weitergehext werden darf, während sich der »große Zauberer« die attraktivsten Tiere bis zum Schluss aufheben kann.
Ein Kreisspiel, das Kinder in ganz eigener Regie einem erstaunten Publikum darbieten können.

Wer sich umdreht oder lacht

Spiele im Kreis mit Takt, Bewegung und Pantomime

Gesang, Bewegung und Spiel bilden häufig eine Einheit, die von Kindern intensiv aufgenommen wird. Da sind keine langen Erklärungen notwendig, denn aus der Musik, dem rhythmischen Text ergibt sich der Takt, aus dem Takt die Bewegung, aus der Bewegung die Pantomime. Da muss kein Kind etwas lernen, es erlebt und erfährt die Freude am gemeinsamen Tun in der Gruppe. Die Bewegungen stärken die Feinmotorik, das Raumbewusstsein und regen die körperliche Phantasie zur Pantomime an.

Kinder bewegen sich von Anfang an. Zuerst sind es reflexartige Übungen wie beispielsweise saugen und greifen. Später kommen dann immer weitere Fertigkeiten hinzu und werden miteinander kombiniert. So lernt ein Kind krabbeln, laufen, hüpfen und dann auch tanzen. Indem Kinder ihre Arme und Beine bewegen, nehmen sie ihre Umwelt wahr und treten zu ihr in Kontakt. Aber sie lernen sich in dieser Umwelt auch selbst kennen, ihre eigenen Grenzen und wie sie mit ihren Möglichkeiten ankommen. Das fördert die Selbsteinschätzung, eine wichtige Voraussetzung für gemeinsame Unternehmungen und Spiele. Das Kennenlernen und später Können der Texte erweitert den Sprachschatz von Kindern und fördert ihr Artikulati-

onsvermögen. Die Forderung nach besserer Kommunikation entspringt der Beobachtung, dass das Zusammenleben im Alltag oft an Verständnisschwierigkeiten leidet, die in manchmal ausweglos scheinende Konflikte führen. In einer Zeit, in der viele Familien anstatt sich zu unterhalten vor dem Fernseher sitzen, um sich zu entspannen, ist es besonders wichtig, die sprachlich-kommunikativen Fähigkeiten zu vertiefen. In den folgenden Spielen werden alle Bereiche von Kommunikation geübt. Kommunikative Fähigkeiten, d.h. zuhören und sich in eine andere Person hineinfühlen können und die sprachliche Ausdrucksfähigkeit; das Verständnis für Gesprächsinhalte, mit Hilfe von Themen, die mit dem vertrauten Alltag von Kindern zu tun haben; die Beziehung zu den Gesprächspartnern, also über Wortwechsel, Tonfall, Gestik und Mimik die Situation einschätzen zu können. Ein gereimter, nicht selten ein wenig »unsinniger« Text macht dabei viel mehr Spaß und erleichtert auch noch die Konzentration auf Bewegungen, auf die Gemeinsamkeit. Den kreativen Spieltrieb einzelner oder der ganzen Gruppe können die Erwachsenen zunächst beeinflussen, indem sie Anleitungen geben, damit der Ablauf gelingt. Dies kann dann zur Erweiterung und Entfaltung führen. Spielen macht Kindern Spaß, warum nicht auch den Größeren? In dieser Zusammenarbeit liegt der Reiz.

Der Fuchs ist ja wegen seiner Schlauheit bekannt, deshalb bewegt er sich sicher ganz leise und vorsichtig. Dieses Spiel findet häufig einen Anfang, selten ein Ende.

Fuchsfang oder »Faules Ei«

Mündlich überliefert

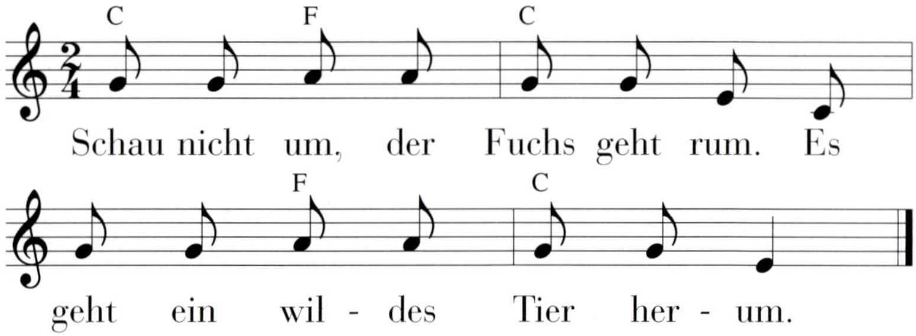

Die Kinder stehen oder sitzen im Kreis. Außen herum schleicht der »Fuchs«. Er trägt ein Tuch im Maul, das er sicher gestohlen hat. Währenddessen singen oder besser leiern alle die einfache Melodie vom wilden Fuchs.

Der folgende Teil wird gesprochen, damit niemand davon abgelenkt wird, was hinter seinem Rücken geschieht:

»Wer sich umdreht oder lacht,
kriegt den Buckel voll gemacht.«

Eine Drohung, die natürlich nie wahr gemacht wird, deshalb lachen die Kinder dabei gern.

Und jetzt ist der »Fuchs« dran! Er hat seine Beute, das Tuch, hinter einem Kind fallen lassen. Hoffentlich unbemerkt, denn nur so kann er dieses Kind als »faules Ei« in den Kreis schicken, wo es solange vor sich hin faulen muss, bis es vom nächsten »faulen Ei« abgelöst wird. Der Fuchs sagt:

»Ei, ei, ei, du faules Ei!«

Aber wehe dem Fuchs, wenn das Kind etwas gemerkt hat. Es steht, oder noch besser, es springt auf, so schnell es kann und fängt den »Fuchs«, diesen Räuber! Hoffentlich bevor er die rettende Lücke im Kreis erreicht hat. Sonst bleibt alles beim Alten. Er muss weiterhin herumschleichen, bis er nicht mehr mag und ein anderes Kind ihn ablöst.

Eckiger Hut ohne Worte

Volksweise

Mein ... der hat drei Ecken,
drei Ecken hat mein ...
Und hätt' er nicht drei Ecken,
so wär es nicht mein ...

Mein ... der hat drei ...
drei ... hat mein ...
Und hätt' er nicht drei
...
so wär es nicht
mein ...

Mein ... der hat ...
...
... ... hat mein ...
Und hätt' er
nicht ... ...
so wär es nicht
mein ...

... ... der hat ... ...
... ... hat ... ...
Und hätt' er nicht ... ...
so wär es nicht ... ...

... ... der hat ... ...
... ... hat ... ...
Und hätt' er ... ...
so wär es ... ...

Es ist eine Menge an Konzentration und Koordination erforderlich, um immer die richtigen Wörter wegzulassen und die passenden Gesten einzusetzen.

Ein kleiner Kreis sitzt beieinander und singt zunächst das vollständige Lied. Dann wird der Kreis zunehmend wortloser, denn immer mehr Textstellen werden durch Gesten ersetzt.

Mit diesem Spiel bekommen auch Kinder, die in der Stadt wohnen oder keinen Garten haben, eine Vorstellung, wie es ist zu säen, zu pflanzen und zu jäten.

Möhren-Zwiebel-Krautsalat

Text: Rudof Otto Wiemer;
Musik: Klaus Doldinger

Je leichter die Melodie, desto schwieriger darf schon mal der Text sein. Hier muss man sich viele Strophen merken. Mit ein bisschen Mut können alle Kinder die Tätigkeiten bald darstellen, wenn sie von der Spielleitung vor jedem Vers vorgespielt werden.

2. Heute wolln wir Zwiebeln stecken,
Zwi-Zwa-Zwiebeln stecken.
Wenn sie etwas taugen,
tränen uns die Augen.

3. Heute wolln wir Rotkohl pflanzen,
Ri-Ra-Rotkohl pflanzen.
Hat er feste Köpfe,
kommt er in die Töpfe.

4. Heute wolln wir Häuschen bauen,
Hi-Ha-Häuschen bauen.
Rote Feuerbohnen,
wer soll darin wohnen?

5. Heute wolln wir Disteln jäten,
Di-Da-Disteln jäten.
Autsch! Die spitzen Dinger,
stechen in die Finger.

6. Heute wolln wir Blumen pflücken,
Bli-Bla-Blumen pflücken.
Bunte Kränze binden,
Hörnerklee und Winden.

7. Wolln wir nicht auch Eier stecken,
I-A-Eier stecken?
Los! Wenn wir's versuchen,
wachsen Pfannekuchen!

Fleißige Handwerker

Volksweise

2. Setzet ein – setzet ein,
der Glaser setzt die Scheiben ein.

3. Tauchet ein – tauchet ein,
der Maler streicht die Wände fein.

4. Zisch, zisch, zisch – zisch, zisch, zisch,
der Tischler hobelt blank den Tisch.

5. Poch, poch, poch – poch, poch, poch,
der Schuster schustert zu das Loch.

6. Stich, stich, stich – stich, stich, stich,
der Schneider näht ein Kleid für mich.

7. Mehl noch rein – Mehl noch rein,
der Bäcker macht den Kuchen fein.

8. Klipp und klapp – klipp und klapp,
der Müller stellt die Mühle ab.

9. Hopp, hopp, hopp – hopp, hopp, hopp,
wir alle tanzen im Galopp.

Ein Kind steht in der Mitte des Spielkreises und »bebildert« den Text. Der Spielkreis singt und ahmt die Tätigkeiten nach. Bald ergeben sich wie von selbst neue Bewegungen für die kleinen »Handwerker«.

Hüftschwung und Pendeluhren

Volksweise

Hier sind alle »Uhren« wichtig, große und kleine. Beim ersten Mal wird der Rhythmus vielleicht noch nicht so ganz klappen, aber schon bald haben alle den richtigen Hüftschwung.

Drei sehr taktsichere Musikanten und drei rhythmik- und bewegungssichere Gruppen (große, kleine und ganz kleine Kinder) braucht dieses einfache Liedchen zur Darstellung.
Die »großen Uhren« stellen sich hinten auf, die »kleinen Uhren« in der Mitte und die »ganz kleinen Uhren« in die erste Reihe.
Dann fängt der erste Musikant an, ganze Takte auf der Trommel zu schlagen, nach denen sich die »großen Uhren« mit den Händen in die Hüften gestützt nach rechts und links wie Uhrenpendel wiegen. Die mittlere Reihe macht die Pendelbewegung nach den halben Takten eines Tamburinspielers. Und die Kleinen in der ersten Reihe wiegen, ja schütteln sich fast zum Vierteltakt des Triangels. Alle drei Reihen müssen bis zum Schluss durchhalten und im Takt bleiben.

Frosch-Chor im Kreis

Mündlich überliefert

2. Und kommt der Storch und kommt der Storch
verschwinden wir im Moor.
Wir haben, wir haben
kein Schwänzchen und kein Ohr.
Quak, quak, …

3. Und geht der Storch und geht der Storch,
dann kommen wir hervor.
Wir haben, wir haben
kein Schwänzchen und kein Ohr.
Quak, quak, …

Ein Kind ist der Storch. Alle anderen im Kreis sind die Frösche. Der »Storch« schreitet majestätisch im Kreis herum, die Arme zum Schnabel geformt. Durch leises Klatschen kann der »Storch« auch richtig klappern. In der dritten Strophe verlässt er den Kreis. Die »Frösche« machen Morgengymnastik. Ganz schön lange.

1. Strophe:
Alle sitzen in Froschstellung in der Hocke mit aufgestützten Händen.
2. Strophe:
Alle krabbeln in Froschstellung rückwärts.
3. Strophe:
Alle krabbeln in Froschstellung vorwärts zur Kreismitte.
Refrain: Alle federn in den Knien, Gesäß in die Höhe, Rumpf beugen.

Hampelmannparade

Volksweise

Erst gibt es einen »Hampelmann«, dann zwei, dann vier, bis die ganze Reihe ein einziger »Hampelmann« ist.

2. Jetzt wäscht Hampelmann (2x) sein Gesichtchen ab. Oh …
3. Jetzt zieht Hampelmann (2x) seinen Pulli an. Oh …
4. Jetzt zieht Hampelmann (2x) seine Hose an. Oh …
5. Jetzt zieht Hampelmann (2x) seine Jacke an. Oh …
6. Jetzt setzt Hampelmann (2x) sich sein Hütchen auf. Oh …
7. Jetzt geht Hampelmann (2x) mit seiner Frau spazieren. Oh …

Die Kinder stehen auf einer Linie nebeneinander, nur der erste »Hampelmann« liegt ihnen gegenüber. Nach der ersten Strophe, in der er »vom Bett aufsteht«, stellt er sich beim Refrain vor ein anderes Kind, das dann Arme und Beine wie ein Hampelmann bewegen muss. Nach der zweiten Strophe suchen sich diese beiden »Hampelmänner« zwei neue usw.

Kopflose Riesenschlange

Mündlich überliefert

Die Kinder bilden eine Reihe, Hand an Hand. Sie schlängeln sich so dahin und singen, bis der wilde »Schlangentanz« beginnt, nämlich die Jagd auf den Kopf. Schlangen sind sehr bewegliche Tiere, die auch leicht ausweichen können. Ist der Kopf gefangen, stellt sich dieses Kind hinten an und ist nun als Schwanzende der Hauptjäger, während das nächste Kind in der Reihe der neue Kopf ist, den es zu jagen gilt.

Zum Ausruhen nach dem wilden Tobespiel singen alle:
»Jakob hat kein Brot im Haus, Jakob macht sich gar nichts draus. Jakob hin, Jakob her, Jakob ist der Zottelbär.« (Nach der Melodie von »Brüderchen, komm tanz mit mir« [siehe Seite 23].)
Dabei schlenkern sie die Beine mal rechts und mal links ganz locker aus. Und wenn ein Junge mit dem Namen Jakob mitspielt, der vielleicht beleidigt wäre, wird einfach ein anderer Name ausgesucht.

Dieses Spiel mit einfachem Text und einfacher Melodie verleitet dazu, endlos gespielt zu werden. Auch die Spielregel können sich alle meist leicht merken, allerdings nicht so leicht befolgen. Denn da müssen die Schlangenglieder mithelfen, dass der »Schwanz« den »Kopf« fangen kann. Auseinanderbrechen darf die Schlange niemals!

Bald bin ich nicht mehr allein, alle trampeln hinterdrein

Kettenspiele zum Auffordern und Mitmachen

Spiele, Lieder und Verse, die im Kreis gespielt oder aufgeführt werden konnten, sind über lange Zeit nur mündlich von Generation zu Generation weitergegeben worden. Dieses an Melodien und Text gebundene, aber doch freie Spiel ist heute keine Selbstverständlichkeit für Kinder mehr, fehlen ihnen doch häufig die geeigneten Plätze dafür: Straßen ohne Vekehr, Hinterhöfe oder die ganz freie Natur. Der Bewegungsdrang ist Kindern heute genauso zu eigen wie früher; und ist genauso wichtig.

Mit der Bewegung ihres Körpers lernen Kinder die verschiedenen Sinne zu koordinieren, legen also den Grundstein für das seelische und geistige Gleichgewicht. Heute müssen eher Kindergärten und Grundschulen, Kinderhorte und alle, die gerne mehrere Kinder um sich haben, die Spielpraxis vergangener Zeiten pflegen, denn gerade diese enthält so viele kinderfreundliche Elemente.

Wie nebenher wird da ganzheitlich sprechen, singen, tanzen, klatschen und sich bewegen in der Gruppe gelernt, wird spielend Schüchternheit überwunden und durch Kontaktfreudigkeit ersetzt. In den Vordergrund treten nämlich soziomotorisches und rhythmisch-musikalisches Können, das von den anderen Kindern geschätzt wird, weil es den Spaß am Spiel befördert. Ob ein Kind da nun gute Noten im Deutschunterricht hat oder nicht, ist für das Spiel gänzlich unwichtig. So fühlen sich auch die Kinder aufgewertet, die auf anderen Gebieten nicht so erfolgreich sein können. Es werden Gruppen gebildet, die auch ohne sozialen Verlust auseinandergehen können, um sich in anderer Zusammensetzung wieder zu finden. Die selbstständige Bewegungsfreiheit können Kinder auch heute noch auf Kinderspielwiesen, Kinderspielplätzen finden, wenn ihnen das nötige »Material«, also Spiele, Lieder, Anregungen und Erinnerungen zur Verfügung stehen. Sie werden dann mit Lust und Freude zu »Lehrmeistern« und »Lehrmeisterinnen« anderer, jüngerer Kinder werden.

Bärenseil

Marianne, gold'ne Kanne,
gold'ner Schuh,
wie alt bist du?
Eins, zwei, drei…

Unter vielen Kinderspielen gehört das Seilhüpfen zu den Klassikern. Mit dem Seil hüpfen kann man alleine, während man auf die anderen wartet, man kann es zu zweit spielen, wenn noch ein Baum, ein Pfosten zur Verfügung steht; am Besten geht es erstmal zu dritt, während geübte Seilhüpferinnen und -hüpfer es dann zu einer erstaunlichen Anzahl von Mithüpfern bringen können. Hier sind ein paar fröhliche Hüpfverse.

Teddybär, Teddybär, spring ins Seil!
Teddybär, Teddybär, heb ein Bein!
Teddybär, Teddybär, mach dich krumm!
Teddybär, Teddybär, dreh dich um!
Teddybär, Teddybär, wie alt bist du?
Teddybär, Teddybär, ich zähl im Nu…
Eins, zwei, drei, vier…

Ri, Ra, Rutsch
Wir springen auf die Kutsch'.
Wir springen auf die Chaise,
zu der Tante Rese.
Tante Rese ist nicht da,
springen wir zu Opapa.
Opapa ist auch nicht da.
Dreh'n wir uns mal um!
Ri-Ra-Rum.

Der Kaiser aus Rom,
der hatte einen Sohn.
Der Sohn war zu klein,
um Kaiser zu sein.
Drum blieb er stehen.
Und du musst gehen.

Schlangenschwanzsuche

Volksweise aus Schwaben

Werden Stimme und körperliche Bewegung zusammen eingesetzt, vertieft das die Atmung und die Atemspannung und der Resonanzkörper erweitert sich.

Alle Kinder tanzen im Kreis in eine Richtung und singen das Lied. Nur ein Kind, der »Schlangenkopf«, schlängelt sich außen um den Kreis herum. Der Kreis bleibt stehen bei der Stelle:

»Ei, sag mir her,
hast du nicht ein Stück von mir?«

Der »Schlangenkopf« hüpft auf ein Kreiskind zu, grätscht die Beine und das auserwählte Kind muss durchkrabbeln und darf sich jetzt an den »Schlangenkopf« anhängen. Dazu klatscht der ganze Kreis. Die Schlange wird immer länger, der Kreis immer kleiner, bis zum Schluss die »Schlange« ihren »Schwanz« wieder gefunden hat.

Teufelsbund oder »Der Herr, der Jockel und der Teufel«

Volksweise

Dieses Lied, das sich in jeder Strophe um eine Zeile verlängert, ist eine hervorragende Gedächtnisübung.

Zunächst gehen alle Mitspieler und Mitspielerinnen Hand in Hand im Kreis herum und singen.

Dann machen alle Kreiskinder die Bewegungen mit.

Die Spielleitung steht im Kreis, sucht die Kinder aus und breitet mit entsprechenden Bewegungen die nächste Strophe vor.

Zwischen den Strophen eine kleine Pause zum Erkennen und Konzentrieren lassen.

1. Der Herr, der schickt den Jockel aus,
der soll den Hafer schneiden;
der Jockel schneid't den Hafer nicht
und kommt auch nicht nach Haus.

Alle Kinder machen Sensenbewegungen, indem sie die Arme vor sich hin- und herschlenkern. Der »Jockel« wird ausgesucht und geht in Gegenrichtung außen am Kreis entlang und zieht eine lange Nase.

2. Der Herr, der schickt den Pudel aus,
der soll den Jockel beißen;
Der Pudel beißt den Jockel nicht,
der Jockel schneid't den Hafer nicht
und kommt auch nicht nach Haus.

Alle »schnappen« mit den Händen nach dem vorderen Kind.
Der »Pudel« wird ausgesucht, er geht hinter dem Jockel her und schüttelt den Kopf.
Jockel zieht weiterhin eine lange Nase.

3. Der Herr, der schickt den Prügel aus,
der soll den Pudel prügeln;
der Prügel prügelt den Pudel nicht,
...
der Jockel schneid't den Hafer nicht
und kommt auch nicht nach Haus.

Alle schlagen mit einem imaginären Stock.
Der »Prügel« wird ausgesucht, er geht hinter dem Pudel her und haut sich selbst (sanft!).
Pudel schüttelt den Kopf, Jockel zieht eine lange Nase.

4. Der Herr, der schickt das Feuer aus,
das soll den Prügel brennen;
das Feuer brennt den Prügel nicht,
...
der Jockel schneid't den Hafer nicht
und kommt auch nicht nach Haus.

Die Kinder pusten »Flammen« in die Luft und zeigen sie mit flatternden Händen. Das »Feuer« wird ausgesucht und bläst zur Seite, aber nicht nach vorne zum Prügel. Die anderen wie vorher.

5. Der Herr, der schickt das Wasser aus,
das soll das Feuer löschen;
das Wasser löscht das Feuer nicht,
...
der Jockel schneid't den Hafer nicht
und kommt auch nicht nach Haus.

Die Kreiskinder machen Wellenbewegungen mit den Händen.
Das »Wasser« macht Wellen zur Seite, aber nicht zum Feuer.

6. Der Herr, der schickt den Ochsen aus,
der soll das Wasser saufen;
der Ochs, der säuft das Wasser nicht,
...
der Jockel schneid't den Hafer nicht
und kommt auch nicht nach Haus.
Der ganze Kreis zeigt Ochsenhörner.
Der »Ochse« zeigt Hörner in die Luft.
Die anderen wie vorher.

7. Der Herr, der schickt den Metzger aus,
der soll den Ochsen schlachten;
der Metzger schlacht' den Ochsen nicht,
...
der Jockel schneid't den Hafer nicht
und kommt auch nicht nach Haus.
Die Kinder stechen mit einem imaginären Messer und zeigen »Kopf ab«.
Der »Metzger« streichelt den »Ochsen« vor sich.
Die anderen wie bisher.

8. Der Herr, der schickt den Teufel aus,
der soll den Metzger holen;
der Teufel holt den Metzger nicht,
...
der Jockel schneid't den Hafer nicht
und kommt auch nicht nach Haus.

Alle machen Bocksprünge und zeigen mit einer Hand ein Teufelsschwänzchen an.
Der »Teufel« macht am Ende des Kreises Bocksprünge rückwärts.

9. Da geht der Herr jetzt selbst hinaus
und will den Teufel holen;
da holt der Teufel den Metzger gleich,
der Metzger schlacht' den Ochsen gleich,
der Ochs, der säuft das Wasser gleich,
das Wasser löscht das Feuer gleich,
das Feuer brennt den Prügel gleich,
der Prügel prügelt den Pudel gleich,
der Pudel beißt den Jockel gleich,
der Jockel schneid't den Hafer gleich
und geht auch gleich nach Haus.

Der ganze Kreis schreitet, eine Hand auf dem Rücken und eine auf dem Bauch, gemessen voran. Die Spielleitung geht aus der Kreismitte und alle Spieler außerhalb des Kreises machen jetzt die richtigen Bewegungen und ordnen sich wieder von hinten her in den Spielkreis ein.

Reisekarussell

Mündlich überliefert

Während der ersten Strophe gehen die Kinder im Kreis in eine Richtung, dann tanzen zwei Kinder miteinander.

2. Gehn wir auf die Reise!
Drehn wir uns im Kreise,
wie ein großes Wagenrad,
kommen wir in Fahrt,
Fahrt, Fahrt.

Der Kreis wechselt die Richtung, zwei Kinder »galoppieren« miteinander um die Wette.

3. Gehn wir auf die Reise!
Drehn wir uns im Kreise,
wie ein Wetterhahn im Wind,
immer rum geschwind,
schwind, schwind.

Der Kreis wechselt die Richtung, ein Kind dreht sich.

4. Gehn wir auf die Reise!
Drehn wir uns im Kreise,
Erst wenn einer Luft hol'n will,
stehn wir endlich still, still, still.

Der Kreis wechselt die Richtung, zwei Kinder pusten Hand in Hand.

Ein wunderschönes Kreisspiel, das alle Elemente enthält, die für die Kinder so reizvoll sind: Ein eingängiger Liedtext mit einfacher Melodie, verschiedene Bewegungsänderungen und vor allem die Tanzeinlagen, zu denen alle aufgefordert sind.

Posthaltersturz

Kinder müssen oft lange Zeit still sitzen: in der Schule, beim Arzt, auf Reisen. Und dann gibt es besonders in Großstädten wenig Platz zum spontanen Toben. Dafür sind solche Spiele da.

Wenn alle Kinder vom langen Sitzen eine Erholung brauchen und ein bisschen herumtoben wollen, so sollten sie das auch tun. Wenn sie wollen, dürfen sie sich auch vor Vergnügen auf den Boden werfen – mit Vorsicht, damit sie sich nicht weh tun.

Ein alter Posthalter mit 77 Jahren,
wollte mit seinen drei Schimmeln direkt ins Königreich fahren.
Die Schimmel aber warn jung und so keck
und warfen den Posthalter in den ...Dreck!

Zeile 1: Alle fassen sich an den Händen und gehen rechtsherum im Kreis.
Zeile 2: Alle gehen linksherum.
Zeile 3: Erneuter Richtungswechsel und Beschleunigung zum »Galopp«.
Zeile 4: Richtungswechsel, das Galopptempo wird beibehalten, bei »Dreck« kugeln alle herum.

Pochtanz

Wieder bilden alle einen Kreis. Ein Kind steht in der Mitte, stampft dreimal laut auf und sagt dabei: »Poch, poch, poch«.

Alle: »Wer klopft an?«
Kind: »Die Katrin«, »Der Jochen«.
Alle: »Was willst du denn?«
Kind: »Tanzen!«
Alle: »Mit wem denn?«
Kind: »Mit dir!«

Das Kind sucht sich jemanden aus und die beiden hüpfen solange auf einem Bein, bis eines das zweite Bein zu Hilfe nimmt. Die Kinder im Kreis klatschen und klatschen – immer lauter – immer schneller. Das zweite Kind darf nun wieder mit dem anderen Fuß pochen.

Bärenschlaf oder »Fang mich doch«

Skandinavisches Kinderlied

Der Bär ist nicht der schwarze Mann, aber auch er kommt plötzlich und fängt sich ein Kind. Nicht ganz grundlos, denn der singende Kreis hat ihn aufgeweckt aus seinem Bärenschlaf. Das Liedchen, das der ganze Kreis singt, während er um den schlafenden »Bären« in der Mitte herumläuft, ersetzt das Abzählen oder das Anfang-Signal, das notwendig ist, wenn ein Kind ein anderes fangen soll. Es soll ja klar sein, wann es losgeht.

Die Kinder können selbst bestimmen, ob sie dann mit zwei »Bären« weiterspielen wollen, sodass es bald mehr »Bären« als Fangkinder gibt, oder ob sie die Rollen vom »Bär« und seinem »Fang« jedesmal tauschen wollen.

Der »Bär« in der Mitte darf sich schlafend stellen, schnarchen, prusten, gähnen, sich recken und strecken so recht nach Bärenart.

»Doch wenn er erwacht, der Bär«, springt er auf und versucht, von den davonstürmenden Kindern eines zu fangen.

Das Spiel kann auch in einer Kindergruppe ohne singfeste Spielleitung gespielt werden. Dann wird der Text eben einfach aufgesagt. Wichtig ist, dass die Kinder zunächst im Kreis gehen, damit der »Bär« eine wirklich faire Fangchance hat.

Nun ist er gekommen, der schöne Spielfesttag

Gruppenspiele für alle und ganz besondere Anlässe

Anlässe zum Feiern gibt es genug. Zu allererst natürlich den eigenen Geburtstag; er ist für Kinder zumeist das wichtigste Fest. Ein ganzes Jahr lang freuen sie sich darauf, auch wenn diese Zeitspanne für kleine Kinder nicht überschaubar, also berechenbar ist. Ihnen reichen schon die zwei Wochen vorher, die endlos lang erscheinen. Aber irgendwann ist er dann da, der Festtag.

Daneben machen Kinder die Erfahrung, dass nicht nur sie Geburtstag haben, sondern alle anderen Kinder aus ihrer (Kindergarten- oder Schulklassen-) Gruppe auch. Diese Tage wollen ebenfalls gefeiert werden.

Die Vorfreude beginnt schon mit den Einladungen. Zuerst muss abgeklärt werden, wer alles eingeladen werden soll. Viele Kinder möchten am liebsten alle ihre Freunde einladen. Das ist natürlich zumeist aufgrund der räumlichen Möglichkeiten nicht durchführbar, zeigt aber, welchen hohen Stellenwert solche Feste haben. Und es gibt kaum Schlimmeres als die Drohung: »Wenn du mich weiter so ärgerst, lade ich dich nicht zu meinem Geburtstag ein.«

Für Feste und Feiern gibt es noch viele andere Möglichkeiten. Da gibt es Abschlussfeste, Sommerfeste, Einladungen, Gruppenaufenthalte, gemeinsames Beisammensein u. v. a.
Wie können Kinder besser miteinander feiern, als wenn sie miteinander spielen. Oder auch füreinander etwas vorführen, was ihnen beim Einüben großen Spaß gemacht hat; vielleicht auch bisweilen ein wenig Mühe, die dann belohnt wird. Spiele, Lieder, Tänze, Reigen für einen Festtag sollten zur Spielerfahrung und Spielpraxis jeden Kindes gehören; sie geben ihm Sicherheit, diesen Tag angemessen erleben zu können. Sie können spielend ein Kind begrüßen, das lange krank oder abwesend war und damit zeigen, dass sie bereit sind zur Wiederaufnahme, sie können spielend Abschied feiern, spielend Konflikte lösen und einfach spielend zusammenleben. Wenn im Verlauf des Festes die Gruppe miteinander und mit der Umgebung vertrauter geworden ist, entscheidet sie immer häufiger selbst, welche Spiele gespielt werden sollen. Da ist es wichtig, dass die Planung offen ist und Spielregeln nicht dogmatisch eingehalten werden müssen. Dann können alle Gäste zum Gelingen des Festes beitragen.

Ein Kinderfest will gut vorbereitet sein. Falls sich die Kinder nicht einigen können, was sie spielen wollen, ist es gut, wenn sie entsprechende Spiele vorbereitet haben.

Spielfesttag

Text: H. Hildebrand; Melodie: unbekannt

2. Nun ist er gekommen,
der schöne Spielfesttag.
Da freu'n sich alle Kinder,
keines fehlen mag.
Sie klatschen, sie klatschen,
sie klatschen vor Freud,
tralala, tralala,
denn Spielfest ist heut.

3. Nun ist er gekommen,
der schöne Spielfesttag.
Da freu'n sich alle Kinder,
keines fehlen mag.
Sie tanzen, sie tanzen,
sie tanzen vor Freud,
tralala, tralala,
denn Spielfest ist heut.

Alle Kinder fassen sich an den Händen, singen und hüpfen, wenn der Text es so vorgibt, sie singen und klatschen und singen und tanzen. Eine andere Regel gibt es nicht.

Tanz mit Laurentia

Volksweise

**) Diesen Takt je nach Bedarf entsprechend oft wiederholen!*

Mit diesem Lied werden die romantischen und sensiblen Seiten der Kinder angesprochen.

2. Ach wenn es doch wieder mal Montag wär
und ich bei meiner Laurentia wär. Am Montag.
3. Laurentia, liebe Laurentia mein,
wann werden wir wieder beisammen sein? Am …

Ab hier alle Wochentage nacheinander in beide Strophen einsetzen.

Schlussstrophe: Ach wenn es doch wieder mal Montag, Dienstag, Mittwoch … wär und ich bei meiner Laurentia wär, Laurentia wär.

Die Kinder bilden einen Kreis und machen jedesmal, wenn der Name »Laurentia« oder ein Wochentag fällt, eine Kniebeuge. Dabei kommen sicher auch die fittesten außer Atem!

Geburtstagstanz

Volksweise

Dieses Geburtstagslied eignet sich hervorragend für den Auftakt einer Geburtstagsfeier in der Gruppe. Dabei kommen alle Kinder mal dran.

Der Gratulationskreis bleibt gleich stehen oder bildet sich neu und ruft die Januar-Geburtstagskinder in den Kreis. Die aufgerufenen Jungen oder Mädchen treten in den Kreis und machen drei Knickse oder Verbeugungen. Sehr artig und sehr fein.

Beim Refrain tanzen die Kinder in der Mitte, die anderen klatschen.

Bei diesem kleinen Monats-Reigen kommen auch Ferien-Geburtstagskinder dran.

Geburtstagskikeriki

Mündlich überliefert

2. Guckt das Eichhörnchen runter,
wenig Zeit, wenig Zeit!
Refrain

3. Kommt das Häschen gesprungen,
macht Männchen vor Freud.
Refrain

4. Steht der Kuchen auf dem Tische,
macht sich dick, macht sich breit.
Refrain

5. Und Vater und Mutter,
alle Kinder, alle Leut ...
Refrain: ... schreien: »Hoch, die/der ... (Name),
dein Geburtstag ist heut!«

Hier sind auch Mutter und Vater, Oma und Opa, Geschwister und sangesfreudige Nachbarn gern gesehen.
Alle stehen im Kreis, wiegen sich und singen. Die Rollen werden vorher verteilt und die »Tiere« treten einzeln hervor, bebildern den Text und reihen sich dann wieder ein.
Zum letzten Vers klatschen alle.

Dornröschen

Volksweise

Die Kinder bilden einen Kreis und drehen sich während der Strophen. Auch die gute und die böse Fee sowie der junge Königssohn gehen mit. Wenn sie an der Reihe sind, treten sie heraus. Dornröschen aber bleibt immer in der Mitte des Kreises.

2. Dornröschen nimm dich ja in acht, ja in acht. *(Zeigefinger)*
3. Da kam die böse Fee herein, Fee herein. *(Bedrohung)*
4. Dornröschen, du sollst ste-erben, ste-erben. *(Jammer)*
5. Da kam die gute Fee herein, Fee herein. *(Umkreisen)*
6. Dornröschen, schlafe hundert Jahr, hundert Jahr. *(Schlafhaltung)*
7. Da wuchs die Hecke riesengroß, riesengroß. *(Arme hoch)*
8. Da kam ein junger Königssohn, Königssohn. *(Auftreten!)*
9. Er schlug die Hecke ganz entzwei, ganz entzwei. *(Teilung)*
10. Dornröschen, wache wieder auf, wieder auf. *(Strecken)*
11. Da feiern sie ein Hochzeitsfest, Hochzeitsfest. *(Tanz)*
12. Und alle Leute freuen sich, freuen sich. *(Alle tanzen)*

Dieses Kreis-Spiel-Lied bietet mannigfache Möglichkeiten, alle Kinder am Spiel teilhaben zu lassen, ohne dass »Dornröschen« die einzige Hauptrolle spielt.
Es kann cin getrennter Leierchor auftreten, der nur singt, es kann ein extra Instrumentenorchester gegründet werden, das verschiedene Schlaginstrumente spielt, je nach Stimmung (düster oder fröhlich) in den Versen. Es können alle Kreiskinder, die auch die Hecke darstellen, singen und begleitet werden.
Drei Rollen sind außerdem gesondert zu vergeben und meist sehr beliebt. Aber mit dem festen Versprechen, die Rollen beim nächsten Mal zu tauschen, handeln sich die Kinder gerne auch die »Wiederholung« ein und erfinden dabei vollkommen neue, eigene Formen der Darstellung.
Alle Kinder singen, fassen sich an den Händen und drehen sich im Kreis. »Dornröschen« muss immer in der Kreismitte sitzen oder liegen. Erst beim »Hochzeitsfest« steht sie auf und tanzt wie in der letzten Strophe der ganze Kreis.
Die »böse« und die »gute Fee« treten aus dem Kreis in die Mitte, wenn sie in ihrer Strophe genannt werden und überbringen »Dornröschen« ihre Botschaft pantomimisch.
Der Prinz geht ebenfalls im Kreis mit, tritt jedoch rechtzeitig vor seinem Auftritt nach außen heraus, um dann durch dic »Hcckc« zur Prinzessin kommen zu können. Die jungen »Herren« haben die freie Hand in die Hüfte gestützt, die jungen »Damen« schürzen ihren Rock. Dornröschen, dieses zauberhafteste aller Märchen, darf auf keinem Kinderfest fehlen.

Der Höhepunkt eines Festes: Die Kinder spielen selbst ihr Lieblingsmärchen! Struktur geben die einfachen Strophen und Regieanweisungen, bei Kostümen und pantomimischen Ausschmückungen sind der Phantasie keine Grenzen gesetzt. Mit ein bisschen Übung wird das Stück aufführungsreif.

Die Brücke von Avignon

Volksweise aus Frankreich

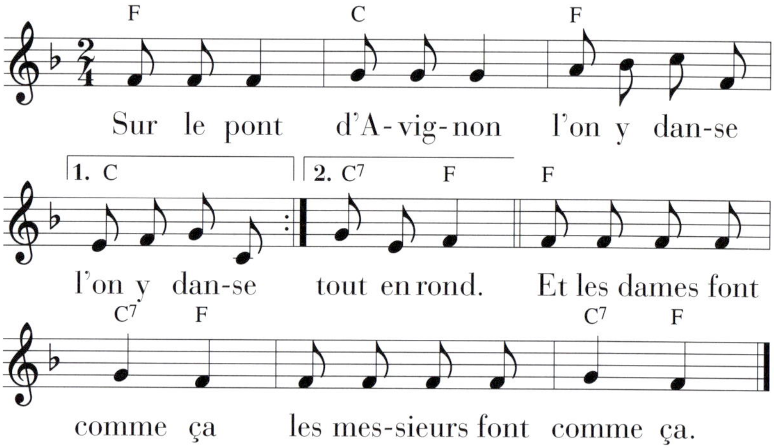

Dieses Tanzliedchen hat mit seinen sieben Notenwerten eine so einfache Melodie, dass sich die Kinder gerne auf die schwierige Aussprache der Wörter einlassen.

Immer zwei Tanzpaare stehen sich gegenüber und beginnen, sich so zierlich wie möglich, Arm in Arm, umeinander zu drehen.
Die jungen Herren haben die freie Hand in die Hüfte gestützt, die jungen Damen schürzen ihren Rock.
Bei »… les dames font comme ça« gehen die »Herren« den »Damen« zwei Schritte entgegen und verneigen sich vor ihnen. Dann reichen sie den Damen den ausgestreckten Arm.
Bei »… les messieurs font comme ça« halten die »Damen« sich am Arm des Partners fest und drehen sich um sich selbst.
Und dann wieder von vorne.
Die Kinder tanzen hier eines der ältesten französischen Menuette. Das wirkt nicht nur auf die Zuschauer, auch sie selbst sind bald von ihren ausländischen Sprachkenntnissen beeindruckt und pflegen sie mit Hingabe und Wiederholungen.

Die Brücke von London

Volkswseise aus England

Es ist wichtig, für die Kleinen den englischen Text zu übersetzen, sonst sind die Bemühungen, rasch eine neue Brücke zu »bauen«, für die Kinder nicht so recht einsichtig.

Auf der »Brücke von Avignon« konnten die Kinder schon ein Menuett tanzen, wogegen die »Brücke von London« erst geflickt bzw. aufgebaut werden muss.
Das geht so:
Die Kinder bilden Paare und tanzen, indem sie sich gegenseitig mit ausgestreckten Armen bei den Hüften fassen.
Dann stellen sich zwei Tanzpaare nebeneinander auf und bilden, indem sich die jeweiligen Partner bei den Händen fassen und die Arme durchstrecken, ein Dach. Darunter tanzen die anderen Paare hindurch und stellen sich jeweils am Ende genauso hin. So wird der Tunnel im Laufe des Tanzes immer länger und sieht bald aus wie eine richtige Brücke.

Hört ihr die Regenwürmer husten?

Sinn und Unsinn im Kreis zum Weiterdichten und Selbsterfinden

Kinder mit viel Spielpraxis entwickeln auch leichter Spielphantasie. Sie können besser als andere aus dem »geregelten Spiel«, das Basis und Rahmen bietet, in ein neues, freieres Spiel wechseln, das deshalb nicht ohne Regeln sein muss. Sie erfinden eben neue Bedingungen, andere Formen des gemeinsamen Miteinanders. Aktives Spielen bedeutet, dass die Handlungen dadurch motiviert werden, sich die Umwelt zu erklären. Kinder variieren ihr Spiel nach dem Motto: »Mal sehen, was passiert und wie die anderen reagieren.« Vielleicht dichtet der eine gut und gerne, während die andere besonders findig ist in einem neuen Klatschryhthmus. Die Sprache erfährt in ihrer Beziehung zum Tanz eine Veränderung. Beim Tanz und rhythmisch aktzentuierten Bewegungen werden die Worte in ihren Längen und Kürzen so gesetzt, dass eine Übereinstimmung von Sprach- und Bewegungsrhythmus entsteht.

Über Sinn und Unsinn der

Worte des Textes denken Kinder dann weniger nach, wenn hier die Sprache eher einem rhythmischen Spielablauf dient oder als Unterlage für Bewegungen und Formen der Darstellung. Das Klatschspiel »Klaus beim Hausbrand« oder »Miss Mary Mac« überzeugen davon. Hier wirkt vorwiegend der Sprachrhythmus bewegungsauslösend.

Kinder zwischen drei und acht Jahren erleben ihr »goldenes Zeitalter« der Spiel-Klatsch-Verse. Der Sing-Sang kleiner, leichter Reime fasziniert dreijährige Kinder ebenso wie die erhöhten Anforderungen schwierigerer Fabulierkünste achtjährige. Sie lösen nicht selten einen fröhlichen »Wiederholungstick« bei Kindern aus, der sich stundenweise, aber auch über ganze Monate hinziehen kann.

Im zweckfreien Spiel, also im Sinne von freiem Handeln, von Selbstvergessenheit erobern Kinder ihre Umwelt und entdecken sich selbst in Bezug dazu. Die dabei entstehende Spielfreude trägt zu einer insgesamt optimistischen Lebenseinstellung bei. Beim Spielen bewegen sich Kinder in einer Art Schutzzone, einem Verhaltensspielraum, innerhalb dessen die Selbstentfaltung relativ ungestört gewährleistet ist. Die Erfahrungen im Spiel jedoch sind absolut real und beeinflussen den weiteren Verlauf der kindlichen Persönlichkeitsentwicklung, beispielsweise die Ausbildung sinnlicher Wahrnehmungsfähigkeit durch spielerisches Hören, Sehen, Sprechen, Singen, Berühren, Tasten, Klatschen, Tanzen, Rennen und Hüpfen.

Regenwurm-Husten

Hänsel und Gretel,
zwei lustige Leut,
der Hänsel ist närrisch,
die Gretel nicht g'scheit!

Hört ihr die Regenwürmer husten, hmhd, hmhd,
wenn sie durch's dunkle Erdreich zieh'n.
Wie sie sich winden
und dann verschwinden
auf nimmer, nimmer Wiedersehn.

Ich bin Peter,
du bist Paul,
ich bin fleißig,
du bist faul!

Alle Mitspieler und Mitspielerinnen gehen angefasst in Schlangenlinien und hustend und sich windend zwischen Hindernissen – Menschen, Stühlen, Gartenbänken – hindurch. Wer von den Zuschauern Lust bekommt, hängt sich hinten an.
Wer sie präsent hat: Die Melodie aus »My fair lady«, »Hei, heute Morgen mach ich Hochzeit« eignet sich besonders gut zum Schlängeln.
Nach beliebig vielen Wiederholungen sollten alle Kinder beim letzten Mal ganz aus dem Gesichtskreis der Zuschauer laut hustend verschwinden, auf nimmer, nimmer Wiedersehen.
Als Variante kann das Lied auch mit einem Klatschrhythmus im Stuhlkreis gesungen werden. Die Abfolge ist immer: Auf die Schenkel klatschen, sich in die Hände klatschen, mit der rechten Hand schnipsen, mit der linken Hand schnipsen. Nur bei der Zeile »auf nimmer, nimmer Wiedersehen« klatscht man mit den Händen die Beine bis zu den Füßen ab und taucht so mit den Regenwürmern unter.

Das brennende Haus

Beim Müller hat's gebrannt – brannt – brannt
Da bin ich hingerannt – rannt – rannt.
Ich wollt mir über'n Zaun – Zaun – Zaun,
'nen kleinen Apfel klaun – klaun – klaun.
Beim Müller stand ein Polizist,
der schrieb mich auf die List – List – List.
Die Liste fiel in Dreck – Dreck – Dreck,
da war mein Name weg – weg – weg.
Da lief ich schnell zum Haus – Haus – Haus
von meinem Onkel Klaus – Klaus – Klaus.
Der Onkel lag im Bett – Bett – Bett
mit seiner Frau Elisabeth.
Elisabeth, die schämte sich
und zog die Decke über sich.
Da rannte ich zu mir nach Haus
und damit ist das Lied aus – aus.

Der Klatschrhythmus an sich ist einfach. Schwierig aber ist es, den Rhythmus zu steigern, was aber das Ziel aller Mitspieler ist.

Immer zwei Kinder stehen sich gegenüber. Mehrere Paare in einer Reihe.

A: *selbst in die Hände klatschen*
B: *einseitig über Kreuz klatschen, links oder rechts*
C: *gerade dem Partner in die Hände klatschen*
Klatschrhythmus für »Das brennende Haus«:
A – B – A – B – A – C – C – C
Achtung:
Alle konzentrieren sich und strengen sich an, um sich nicht aus dem Rhythmus bringen zu lassen! Das ist gar nicht so leicht.

Es war einmal ein Männchen,
das kroch in ein Kännchen.
Dann kroch es wieder raus,
und die Geschichte ist aus.

Affenbande

Mündlich überliefert

2. Die Affenmama sitzt am Fluss
und angelt nach der/dem/
den …
Die ganze Affenbande brüllt:

Refrain

3. Der Affenonkel, welch ein
Graus,
reißt ganze Urwaldbäume
aus.
Die ganze Affenbande brüllt:

Refrain

4. Die Affentante kommt von
fern,
sie isst (findet) die/den/das … so
gern.
Die ganze Affenbande brüllt:

Refrain

5. Der Affenmilchmann, dieser
Knilch,
der wartet auf den/die/das …
Die ganze Affenbande brüllt:

Refrain

6. Das Affenbaby voll Genuss,
hält in der Hand die/den/
das …
Die ganze Affenbande brüllt:

Refrain

7. Die Affenoma schreit:
»Hurra!«
Die/der/das … ist wieder da!
Die ganze Affenbande brüllt:

Refrain

8. Und die Moral von der
Geschicht:
Klaut keine … nicht,
weil sonst die ganze Bande
brüllt:
Refrain

Und dann geht die Suche los

Dem Spiel und Gesang (Gebrüll) vorausgehen sollte jedesmal das Verstecken eines Gegenstandes, den die Affenbande dann als vermisst erklären kann, z. B. Obst, Kekse, Bauklötze, Gummihüpfseil oder Ball.

Ruft der Spielleiter oder die Spielleiterin »Affenbande«, geht es los. Der versteckte Gegenstand muss gefunden werden. Dabei wird gesungen und herumgesucht: Am Fluss! Im Urwald! Draußen! Drinnen! Im Einkaufskorb! Wo auch immer!

Erhöhte Konzentration ist angesagt und gefragt. Aber Kinder sind wie beim Memory-Spiel den Erwachsenen häufig überlegen, sie empfinden es nicht als zu schwierig, sondern als Herausforderung, die sie annehmen und bestehen können.

Miss Mary Mac

Kinder lieben Rhythmen, ganz besonders dann, wenn sie sich durch Klatschen, Stampfen oder Fingerschnippen selbst produzieren können. Die hier dargestellten Klatschrhythmen können auch kleinere Kinder sich schnell merken.

Hier gilt:
E: In die eigenen Hände klatschen
A: In die Hände des Partners klatschen
R: Mit der eigenen Rechten in die Rechte des Partners klatschen
L: Mit der eigenen Linken in die Linke des Partners klatschen

Und das ist der Klatschrhythmus für »Miss Mary Mac«:

E – R – E – A – A – A

E – L – E – A – A – A

E – R – E – A – A – A

E – L – E – A – A – A

Und das ist der Text:

1. Miss Mary Mac, Mac, Mac
kriegt einen Schreck, Schreck, Schreck.
Sieht eine Maus, Maus, Maus
in ihrem Haus, Haus, Haus!

2. Die Maus sagt »Fein, fein, fein,
da zieh' ich ein, ein, ein.
Ist es auch klein, klein, klein,
so ist's mein, mein, mein!«

3. »Oh nein, oh nein, nein , nein,
das kann nicht sein, sein, sein!«
sagt Mary Mac, Mac, Mac,
»du machst nur Dreck, Dreck, Dreck!«

4. Das sagt die Maus, Maus, Maus:
»In so 'nem, Haus, Haus, Haus,
da ist`s nicht fein, fein, fein.
Ich lass' es sein, sein, sein!«

Über die Autorin

Antje Wegener hat Romanistik und Geschichte in Freiburg und München studiert. Die Mutter von vier Kindern arbeitet als freie Journalistin unter anderem für den Dachverband von Lehrmittelherstellern, das Institut für Film und Bild in Unterricht und Wissenschaft sowie für das Museumspädagogische Zentrum in München. Für den Bayerischen Rundfunk schreibt sie Sendungen und führt selbst Regie. Ihre Themen sind Erziehungskunde, Sozialkunde, Erdkunde, Heimat- und Sachkunde, Deutsch und Religion.

Literatur/Quellen

Heidenreich, Gert (Hg.): Das Kinder-Lieder-Buch. Fischer Verlag, Frankfurt 1981

Die schönsten Kinderlieder aus aller Welt. Das UNICEF-Kinderliederbuch. Arena Verlag, Würzburg 1994

Horak, Sylvia: Spiele für kleine und große Gruppen rund ums Jahr. Falken Verlag, Niedernhausen 1995

Salzer Elisabeth: Rundherum im Kreis. Beliebte Kreisspiele. Don-Bosco-Verlag, München 1994

Trautwein, Gisela: Alte Kreisspiele neu entdeckt. Herder, Freiburg 1997

Hinweis

Das vorliegende Buch ist sorgfältig erarbeitet worden. Dennoch erfolgen alle Angaben ohne Gewähr. Weder die Autorin noch der Verlag können für eventuelle Nachteile oder Schäden, die aus den im Buch gemachten Hinweisen resultieren, eine Haftung übernehmen.

Bildnachweis

Illustrationen: Gisela Dürr, München.
Fotos: Titelbild: Claudia Rehm, Stockdorf; Mauritius: U2;The Image Bank, München: U4 (Elyse Lewin).

Impressum

Redaktion:
Michaela Breit,
Thurit Kriener
Projektleitung:
Ernst Dahlke
Redaktionsleitung:
Nina Andres
Umschlag:
Till Eiden
DTP/Satz:
Mihriye Yücel
Produktion:
Manfred Metzger
Druck:
Color-Offset, München
Bindung:
R. Oldenbourg, München

Gedruckt auf chlor- und säurearmem Papier

ISBN 3-517-07569-8

Register